班主任小智慧

大夏书系·全国中小学班主任培训用书

68个教育策略一点通

吴小霞 著

华东师范大学出版社
全国百佳图书出版单位
·上海·

在教育上不辍耕耘，让学生成为独特的自己，
帮助学生成为更好的自己，期待学生成为理想的自己！

目　录

Contents

第一辑　修炼是一辈子的事
——实现自我突围的教育智慧

1　突围：通向卓越的必经之路　3

2　求变：做一个不"作茧自缚"的老师　6

3　安闲：懂得休闲，教师的一种境界　9

4　换位：给学生心灵"供氧"　11

5　冀望：怀揣着希望做教育　13

6　有品：人生要有雅趣　15

7　研习：我们到底向名师学什么　17

8　修正：要做灵魂理发师　20

9　自强：尊重比喜欢更重要　22

10　磨砺：走过苦难，便是晴天　24

11　净心：做一个心灵澄澈的人　26

12　阔达：做一个有格局的人　28

13　平等：蹲下来，平视他　30

14　反思：学生评教后……　32

15　沟通：和睿智的人交流就是走向卓越　34

16　慎独：我成书的孤独之旅　37

17　耐挫：感谢那些年我生过的病　40

18　精进：那一年，我的人生转折点　44

⟨19⟩ 渗透：把握心脉，挖掘班级文化内涵 48

⟨20⟩ 变通：巧妙施正反，大胆彰溢彩 53

⟨21⟩ 阅读：吃书，是人生的一大快事 57

⟨22⟩ 蜕变：说课、赛课、听课、评课、反思…… 59

第二辑　让爱走在教育的前面
——师生交往中的教育智慧

⟨23⟩ 投入：请让我再看你一眼 65

⟨24⟩ 牵挂：没有班主任的日子 67

⟨25⟩ 创意：电话里的浓情蜜意 70

⟨26⟩ 慧爱：哇，惊喜又来一波 73

⟨27⟩ 有趣：微生活小乐趣 76

⟨28⟩ 拥抱：铭记我们的每一次相拥 79

⟨29⟩ 关注：欠下的不仅仅是拥抱 81

⟨30⟩ 惊喜：一场不可预约的感动 84

⟨31⟩ 节制：班级流行吃糖风 86

⟨32⟩ 示范：老师，你又要被扣分了 88

⟨33⟩ 洞察：他把名字擦了二十几次 90

⟨34⟩ 交心：老师，你拖堂了 92

⟨35⟩ 留白：春风化雨细无痕 95

⟨36⟩ 鼓励：好！享受鼓掌60下 98

⟨37⟩ 机智：智慧应对就在一瞬间 100

⟨38⟩ 应变：庄重与幽默相结合 103

〈39〉坦诚：老师，大胆承认自己的错误 *107*

〈40〉公平：给每个孩子努力的机会 *110*

〈41〉增趣：让惩罚多一点情趣 *113*

〈42〉点燃：看我们的班干部有多牛 *116*

〈43〉归属：因为我们是一体的 *119*

〈44〉启发：跳绳悟出目标、激情、毅力 *122*

〈45〉引导：巧治浮躁小妙招 *124*

第三辑 方法总比问题多
——应对棘手问题的教育智慧

〈46〉化解：当学生和科任老师发生冲突时 *129*

〈47〉执著：当学生假期作业没有完成时 *134*

〈48〉冷静：他怎么动手打人了 *137*

〈49〉陪伴：家长离婚，孩子没人管 *144*

〈50〉宽容：偷盗事件发生后…… *147*

〈51〉谨慎：天哪，学生开房了 *151*

〈52〉耐心：我就是不想上学 *157*

〈53〉共育：遭遇没有安全意识的孩子 *166*

〈54〉唤醒：助学生驾驭自己的情绪 *170*

〈55〉剖析：遭遇撒谎迭出的孩子 *176*

〈56〉呵护：老师，我想自杀 *180*

〈57〉赏识：面对学困生，我这样做 *186*

〈58〉示弱：家长群"红包"被"盗"啦 *190*

第四辑　相信文字的力量
——书信里的教育智慧

〈59〉 播种：期待一树花开，一路芬芳

　　　　——开学时，给孩子们的一封信　*201*

〈60〉 自控：从今天起，又是一个新的开始

　　　　——学习后，写给自己的信　*203*

〈61〉 自主：自觉可以练出来

　　　　——住院期间，给孩子们的一封信　*205*

〈62〉 规划：总有一款，让孩子弯道超车

　　　　——假期前，给家长的一封信　*208*

〈63〉 赞美：你们是不可复制的精彩

　　　　——分班时，给孩子们的信　*213*

〈64〉 感恩："有一种想哭的感觉"

　　　　——投票后，给家长的一封信　*216*

〈65〉 引导：人生不止四季，还有一个毕业季

　　　　——毕业时，给孩子们的信　*220*

〈66〉 涅槃：最好的课堂，永远在路上

　　　　——研学后，给孩子们的一封信　*223*

〈67〉 点拨：如何带孩子走出网课疲惫期

　　　　——上网课时，给家长的一封信　*227*

〈68〉 热爱：只因我心里有你

　　　　——复课时，致学生的一封信　*232*

第一辑

修炼是一辈子的事

——实现自我突围的教育智慧

1 突围：通向卓越的必经之路

我曾经在日记中，写过这样一句话："我不要做分数的奴隶，我要的是生命的唤醒。"我一直在思考：教育不能只是考试和分数，而应该是孩子的终身发展。

如果我们的课堂面对的仅仅是苍白的课本、单调的作业和令人烦恼的试卷，亲子交流的主题只剩下学习和考试，家长会只剩下考试成绩分析，这样的教育，最后结果是什么？只能让孩子们走向枯萎！因为，只有分数的教育，是浪漫童年和青春生命的祭坛，是没有活力和希望的教育。

因此，唯有突围，方有希望；唯有突围，方能卓越！

突围，从心态开始

高尔基曾说：人生只有两种方式，一种是腐烂，一种是燃烧。我们教师常常为成绩所困，为检查所扰，为烦琐事务所累，整日奔波着重复昨天的故事，最后却迷失了自我。

顾城说：黑夜给了我黑色的眼睛，我却用它来寻找光明。在现实生活中，面对烦琐事务，我们常抱怨：是教育评价，禁锢了我们；是学校、社会、家长对分数的看重，压抑了我们。但是，千呼万唤不厌倦，改变一次却不敢。我们应该认识到：人之所以痛苦，是因为追求错误的东西，我们感到累，一定做错了什么。因此，与其在教育迷惘的泥潭中，艰难地跋涉，不如大胆地突破自己，打开自己心灵的枷锁。抱怨者永远被痛苦湮灭，突围者才能创造新生。这个社会从不缺少抱怨，缺少的是勇气和重建。就像一座房子，喊拆的人很多，但敢于去拆和能重建的人却很少。

所以，我们应该思考：怎么寻找到师生都解放的道路？如何实现师生在奋斗中体验快乐，在快乐中享受生活，最后实现师生生命之泉的汩汩流淌？

只有敢于放下分数的枷锁，才能换得长远的发展；只有敢于放下一时的得失，才能拥有更大的收获；只有敢于放过自己和学生，才能实现突围！

改变要从心开始，突围从心态开始！

突围，着眼于实践改变

现实是此岸，理想是彼岸，中间横亘着叫作困难的河流，行动就是架在河上的桥。面对自己的专业发展，我们总是有无数次想成长，想蜕变，但是，想一千遍不如实践一遍。唯有实践，才能真正产生改变，才能有所突破。

当然，实践也是讲究突围的。在我们的实践中，存在两种情况：一是简单复制名师的做法；二是名为轻车熟路，实为旧车老路。世界上没有两片完全相同的叶子，学生是鲜活的生命，是无法复制的。教育是唤醒和创造，不是简单的重复。人最大的浪费就是重复着以前的故事，此时，要善于无情地否定自己，坚定地超越自己。要敢于想别人不敢想，敢于做别人不敢做，要出乎意料但又在情理之中。要敢于从技术，走向智慧，走向文化，最后实现教育情怀的升华！如此，才能走向卓越！

突围，做专业型教师

在实践中，有两类教师，一类是事务型的，一类是专业型的。如果我们只知道按部就班，不懂得突围、创造，那么，我们永远都是事务型的。要成为专业型教师，需要不断地思考，不断地提高我们的认知能力，怀揣一份教育理想和教育情怀，把自己的专业生命活出三条命——性命、生命和使命。这样一来，我们的教育境界将会更为广阔、深远。

一个专业型的教师，懂得不断改变自己教育行走的方式，把寻求师生共同解放作为人生使命。他明白，教育是陶冶心灵的艺术，学生的成长应放在第一位，要不断努力提升自己的教育境界。教育的第一重境界是教学生有效的知识，第二重境界是营造魅力磁场，第三重境界是融入生命进行教育。我们应大胆地突围，从专业上突破，把教育的原点放在精神的唤醒、潜能的激发、幸福的缔造、灵魂的引领、心灵的感召上。如此，才能实现教育情怀和教育价值的升华；如此，才是在做专业的教育；如此，才能遇见学生生命姿态的绽放！

相信，有梦想谁都了不起，敢突围就会有奇迹！

2 求变：做一个不"作茧自缚"的老师

我们走得太远，别忘了赶路的方向。

——题记

新带班级的气氛有些沉闷，我一直找不着原因，也做过几次调查，效果不明显。

有时候当局者迷，旁观者清。后来，一个孩子的一封信，彻底改变了我的想法。原来，关键的问题出在我自己身上：面对新带班级，我依然使用以前的策略，导致孩子们的不适应。

适合学生的教育，才是最好的教育！作为教师的我们，必须学会改变！

成长源于自我觉醒

当我真正直面自己心灵的时候，我发现改变并不是那么难！难就难在我们不敢选择面对，抗拒或者固执地走在错误的道路上。人，放开了自我的思维，才会给自己更广阔的天空！固守自我，既束缚了自己，也束缚了学生，更为悲催的是与我们期冀的方向将会背道而驰！王栋生老师说："教育的悲哀在于一群群勤勤恳恳的老师在做着蠢事。"是呀，在错误的道路上，越是勤奋，越是愚蠢！多问问自己："我的做法，是不是真的有利于学生的发展？"如果答案是"否"，那么，赶快觉醒吧！

成长源于自我否定

一个老师，只有敢于揭自己的短，才能更好地追求真教育，才能更好地接近真教育；一个优秀的班主任，只有敢于揭自己的短，才能更好地发展班级；一个人，只有不断地否定过去的自己，才能更好地成长！人，往往这样：否定别人的成绩容易，否定自己取得的成果，那是难上加难。但是，一个人没有敢于否定自己的勇气，那将很难做出卓越的成就。做自己没做过的事情，叫成长；做自己不敢做的事情，叫突破；做别人不敢做的事情，叫超越！否定自己做过的事情，更是一种成长、突破、超越！

成长源于走进心灵

把整个心灵献给孩子，不如真正走进孩子的心灵！我们兢兢业业，不如走进心灵！多了解学生所想，多考虑学生所需。遇到问题，不要去抗拒，而是去接纳，然后顺其自然，沟通和关爱，再导向、帮助。想想科任老师说的话："你们班的孩子，比其他班级的孩子更难驾驭！"为什么班里的孩子更难驾驭？这也是我们教育的成效呀，因为他们看的东西更多，思考更深入，这反而值得欣慰，也是一个挑战——对我们老师的要求更高！所以，我这个当班主任的，就需要不断地改变、创新。教育就是创造孩子幸福的生活！

成长从细小的改变开始

有时候，改变就是从一次顿悟开始，从一个细节开始。

比如，我喜欢把头发高高束着，突然变了一下发型，身边的人一阵惊叹：哇，今天怎么这么漂亮？我愕然，只是改变了一点点，效果那么大吗？现实生活中，我们都喜欢按部就班地完成已经很熟悉的事情，就是因为害怕失去，害怕失败，害怕挑战，怕自己无法掌控，怕突如其来的战栗，怕自己无法应对。其实，这都是我们给自己设置的一个个限制。就像温水中煮青蛙，当我们在享受着暂时的安逸不愿意跳出来的时候，危险已经在慢慢逼近了。因此，我们需要不断地自我突破。

突破是一个过程，需要我们不断地给自己新的要求，给自己新的提升，逼着自己自发自觉地改变。并且，一个人功力越深厚，格局就越宽广，即使经历心智的拘谨、行动的惶惑，只要愿意尝试，愿意改变，最后都会山重水复，柳暗花明！

感谢孩子们、科任老师给我的启示。做一个不断改变的老师，我愿意！

我走了，是为了春天更葱茏的形象回来！

——后记

3 安闲：懂得休闲，教师的一种境界

"休"在《康熙字典》和《辞海》中被解释为"吉庆，欢乐"的意思。"休"者，会意字，人倚木而息的意思，强调的是人与自然的和谐。"闲"通常指道德、法度。"闲"通"娴"，有"娴静，思想纯洁，安宁"的意思。休闲，人倚木而休，使精神得以休整、身体得以颐养，使人与自然浑然一体，赋予生命真善美。休闲是人类美丽的精神家园。

人要懂得休闲。因为，忙者，心死也。人一忙，头脑就不清醒；人一忙，心情就不平和；人一忙，就容易肤浅，不会深刻地研究问题，不能冷静地认真思考；人一忙，就会只顾眼前，不会高瞻远瞩。张潮说过："能闲世人之所忙者，方能忙世人之所闲"。闲生静，静生慧，一个懂休闲的人，会充分利用难得的自由时空，与自己对话，与未来对话，明确进一步改进的方向。

做老师，更应该做一个懂得休闲的人，为什么呢？

一个懂得休闲的老师，是一个有生活情趣的老师。老师的工作本身就很累，但是，我们可以在忙碌的缝隙中，寻找快乐的源泉，体验情趣的滋味。这样的老师做人不会无趣，讲课不会干涩，做事不会单调。举个例子，到米线店吃米线，看着古色古香的青花瓷大碗，大大的木质汤勺，长长的楠木筷子，瞬间觉得，这吃的不仅仅是米线，还有情调、品味、文化。同理，逛逛街、购购物是一种情趣，陪爱人喝喝茶、陪孩子泡泡书店是一种情趣，吹拉弹唱、浸润书香是一种情趣，摄影旅游、登山探险、感悟自然也是一种情趣……发现生活的美好，感悟幸福的真谛，如此生活，面朝大海，春暖花开！把小日子过出一种大境界。

一个懂得休闲的老师，更容易感悟到教育的别开生面。比如，同样是辣椒，长相却不同，有樱桃椒、圆锥椒、长椒、甜柿椒、簇生椒，等等。既然辣椒都这么多品种，为什么要把学生都按照一个模样培养？这就是陶行知所说的生活即教育，教育即生活！在休闲中更能发现生活的真谛、教育的契机，生活变成了教育的最佳素材！这样的教育更灵动，更鲜活，更有生机！

　　一个懂得休闲的老师，更能给学生自由的空间。给教育自由的空间，就是给孩子生长智慧的空间。我们的教育要培养真正的人，而不是"器"。陶行知说过："要解放孩子的头脑、双手、脚、空间、时间，使他们充分得到自由的生活，从自由的生活中得到真正的教育。"周国平也说：好的教育，是保护孩子神奇的好奇心和给孩子自由的空间。一个懂得休闲的老师，更知道休闲的可贵，更愿意给学生休闲的空间，更懂得为学生创造休闲的空间。如此，才是眼中有人的教育！

　　一个懂得休闲的老师，是一个淡定从容的人。用三个比喻来形容三种类型的人：第一类人，像独轮车，只有欲望，做事不讲究方式方法，容易摔倒。这一类人没有个性，往往随波逐流，似乎在追寻什么，却并非自己真实所需，甚至为了不明所以的目标而奔波劳苦，最后容易碌碌无为。第二类人，像自行车，有欲望，有理想，有方向，同时也很努力。这样的人，往往能够事业有成，可是生活乐趣到哪儿去了呢？第三种人，像三轮车，除了欲望和理想外，还有良好的休闲心态，懂得给自己思考的空间。这样的人要行则行，要停则停，从容不迫，收放自如，掌控人生。

　　当然，我们还要懂得提升休闲的文化品位。文化品位的核心就是文化形式所蕴含的思想的高度。提升休闲的文化品位，更能体验到幸福的味道，生活会因为幸福而充实，这就是休闲的味道。所谓"充实"，就是没有空虚感、匮乏感，没有内在的紧张、焦灼，内心安宁、自由。提升休闲的文化品位，就是提升人生的文化底蕴！

　　做一个懂得休闲的老师，有多重要！

4 换位：给学生心灵“供氧”

在和老公聊天时，说到一个问题：有一位年轻老师，因为工作安排不公平，他误认为是领导在针对他。其实，这不是针对与不针对的问题，而是双方站的角度不同而已，可能因为双方沟通不到位，导致了误解。

老公说，以此类推，我们做老师的，批评学生，惩罚学生，或者让他请家长，孩子心里接受吗？理解吗？是啊，当我们在处理孩子的问题的时候，如果是一厢情愿，只是从自己的角度单方面地认为“我是为了你好啊”，孩子真的能理解我们是为他好吗？当孩子不理解我们所做的一切，不配合我们，我们就要反思：我们做的是孩子内心需要的吗？

这让我联想到，在教育中，有这样一个现象：平时最认真负责的班主任老师，在学生评价中，往往不是学生最喜欢的老师，有的甚至会成为学生讨厌的老师。也许我们要说：“我对学生是全身心地付出和投入，可为什么他们就不领情呢？”因为，我们用的是“我想给的”的方式，一厢情愿地做着自认为对学生好的事情，用自己认为好的方式在爱学生，而不是用学生需要的方式去爱学生，最后，把自己累得半死，对方还感受不到，甚至误解怨恨，好心办坏事！

其实，我们只需要稍微转变一下角色，把“我想给的”变成“他想要的”，站在对方的角度想一想，站在对方的角度去感同身受。不要只想着：我已经为他做了那么多，居然好心当作驴肝肺。其实，我们根本不知道学生想要的是什么。如何转变？仅仅需要简简单单站在学生的角度思考：他需要什么？他的快乐是什么？这样处理，他心里怎么想？如果我是学生，心里会怎么想？如此，一切问题都不成问题。

学生需要什么？需要帮助。在他犯错的时候，需要的不是我们的责骂，而是切实的帮助。

学生需要什么？需要尊严。需要我们把他放在一个平等的地位，去尊重他，我们怎么对同事，就要怎么对学生。

学生需要什么？需要鼓励。在他自信不够的时候，需要的不是我们的冷落，而是我们的勉励。

学生需要什么？需要温柔。教育是柔软的艺术，需要我们用体察入微的心态去轻柔地面对他们。

学生需要什么？需要自由。他们不需要老师把他所有的空间填满，而需要有自己的空间，让他们自由发挥！

学生需要什么？需要创造。一个个冷冰冰的分数和死板机械的训练会扼杀他们内心的创造力，我们应还给学生蓬勃的朝气和生命的精彩，发挥他们的创造力！

只要方法得当，把"我想给的"变成"他想要的"，相信每一位老师都能得到学生的肯定。理解与不理解仅仅是一步之遥，但是转过拐角，就是天壤之别！

做心灵需要的教育，要学会共情。做一件事之前，想一想，如果我是他，他会怎么想？不要打着为了别人好的旗号，做着自己想做的事，最后事倍功半。

做心灵需要的教育，要学会尊重。人与人之间不可能完全观点一致，当我们无法达到一致的时候，我们需要尊重对方的想法，和而不同。不要因为别人和您观点不一致就强迫，一强迫问题就来了。保持自己的观点，同时也接纳别人的观点，这样一来，别人高兴，自己也快乐。

做心灵需要的教育，要学会宽容。退一步海阔天空。当孩子犯错的时候，我们心里不要埋怨"怎么又犯错了"，然后歇斯底里，大骂一顿，这样做，只会把事情变得糟糕。

做学生心灵需要的教育，做家长心灵需要的教育，做自己心灵需要的教育。当我们真正站在心灵需要的角度，教育就会成为最温暖的人性关怀！

这，才是真正地给学生心灵"供氧"！

5 冀望：怀揣着希望做教育

"希望"一词可以理解为"美好的愿望或理想"，也可以理解为"愿望或理想所寄托的对象"。作为教育者的我们，既要对教育充满希望，也要让孩子们成为希望。所以，让学生心怀希望，让教师永葆希望，让家庭充满希望，是我们教育人应追求的目标和坚定不移的信仰！

让学生心怀希望

海伦·凯勒说过："假如一个人有高飞的冲动，又怎会甘于在地上爬呢？"一个人能走多远，靠的不是双脚，而是志向。希望是鸟儿的翅膀，是人生的太阳。只要心中拥有希望，就有奋斗的动力，也就有创造生命奇迹的可能。比如，有的父母把孩子当作自己的希望寄托，所以他们不管多忙碌，多劳累，多辛苦，都会心系孩子的教育。这就是心中的希望的力量。而很多"差生"之所以自暴自弃，就是因为看不到学习的希望。

真正的教育就是要点燃学生的希望之火，引导他们通过自身的努力去拼搏，唤起他们的自信，从而取得成功的体验，实现人生的价值。让每一个学生为希望而活着，不断地激发学生内心的希望！

让教师永葆希望

教育是一项从容的事业，对学生要永远保持着期望，每个孩子心中都有一台发动机，我们的期望能给发动机提供能源。教育是一个长期的过程，不可能通过一次谈话或一次表扬，带来根本性的变化。我们当老师的要不停地带着期望去激励孩子，鞭策孩子，启迪孩子，唤起孩子内心的热情！即使有沮丧，有失望，有痛苦，仍要满怀希望，因为每一个孩子都值得我们全力以赴。相信每一个孩子都是一棵树，一棵会开花的树，只是花期不同，孩子总有开花的时候。没有十全十美的教育效果，因为生命的成长不可能是线性的，也许会走一步，退几步，也有可能会长时间陷入停顿。即便如此，我们也要心怀希望，带着期望！用你的期望去激励孩子，启迪孩子，唤起孩子内心的热情！

让家庭充满希望

教育是社会公平的基石，每一个孩子都承载着一个家庭的希望。所以，我们的教育如果不能让家长感受到孩子的进步，感受到孩子的闪光点，再美好的蓝图都会轰然坍塌。

每一个孩子刚刚出生的时候，我相信父母都是充满着美好的憧憬的。可是，随着时间的流逝和孩子成长问题的出现，慢慢地，这种美好的憧憬，变得越来越缥缈，甚至消失殆尽。

所以，我们要做的，是发现孩子的点滴进步，让家长看到希望。同时，我们要感染家长，带动他们和孩子一同成长，增强教育的成就感，让家长对学校充满希望，对孩子充满希望。

同时，我们要用自己的专业素养来引领家长和帮助家长，引领他们用更合适和更先进的教育理念教育自己的孩子，帮助他们正确看待自己的孩子，引导他们因势利导，合理期望。如此，我们的家校沟通，才会妙不可言！

所以，培养人就要培养他对未来的希望。做有希望的教育，让孩子心怀希望，让教师永葆希望，让家庭充满希望。让我们因希望而坚持，因坚持而更有希望！

6 有品：人生要有雅趣

初夏的早晨，刚刚下了细雨，空气里氤氲着淡淡的凉意。走进教室，窗台上，几朵玫瑰火热的红映入眼帘。

那火焰一般的，红绸一般的花瓣，微微卷起，有韵，也有致。在微凉的早晨，薄纱一般的雾气轻轻地笼罩着花瓣，朦胧而梦幻，热烈而妖娆。我的心瞬间变得敞亮起来。

我喜欢花，更喜欢花儿带给自己的惬意和欣喜。这份生命的清欢，不惧岁月的流逝和人生旅途的奔波。也许，这就是精神的力量，可是我是否也应该把这份人生美丽的悸动带给我的孩子们呢？

也许孩子太小，也许他们的父母忙于生计，他们似乎并不明白，我为什么喜欢每周一花，这仅仅是给教室增加一点点雅致吗？

上课时，我打开电脑，告诉孩子们："今天，要不要我们先来赏一下我家里的花园？"

"哇，老师，可以可以。"孩子对老师的生活总是充满了神秘的向往。

我不急不缓，打开PPT，屏幕上是一朵娇艳欲滴的黄玫瑰，在绿叶的映衬下，显得分外醒目。"哇，好漂亮！"孩子们惊叹，大家仿佛在潮湿的空气里，闻到了淡淡的黄色的玫瑰花香。

然后是两座趣味横生的假山，孩子们看得惊呆了眼。我说："这叫'片山有致，寸石生情'。这也不算什么，我家客厅里的假山池沼，那才是凝固的诗篇。"孩子们张大了嘴巴，已经开始遐想。

接着，我出示的是憨态可掬的乌龟，还有一串串米粒大的绿葡萄在巴掌大的缝隙里扮鬼脸，两个无花果在树叶上嬉戏打闹……

当看到没有鱼儿的睡莲鱼缸时，我禁不住说："原本，想有睡莲、有金鱼，可是最后，鱼儿被猫吃了……人生往往不会事事如意啊！"孩子们顿时哄堂大笑，每一个都笑靥如花。

当我出示墙角下盛开的灿烂耀眼的红色叶子花时，我情不自禁吟诵起冰心的诗："成功的花，人们只惊羡她现时的明艳。然而当初她的芽儿，浸透了奋斗的泪泉，洒遍了牺牲的血雨。"我停了一下，对孩子们说："每个人的成功都不是那么轻松而简单的，都要在墙角里默默扎根，忍受孤独，坚守清冷。如此，我们都能开出自己的花儿。"

"所以，孩子们，知道为什么老师每周在教室里插花，让大家养养植物了吗？是希望大家追求精神世界的高贵和情趣，这就是人生的雅趣。一个有雅趣的人，是一个有生活格调的人，一个内心丰富安静的人，一个懂得生活内涵的人。一个人的精神世界越有雅趣，他的生命就越有光彩。期待大家做一个有人生雅趣的人！"孩子们怔怔地看着我。

"什么是人生雅趣？它可以在自然中获得，可以在书籍中汲取，可以在美食中品味，可以在自己的爱好中体验。它流淌在我们的血管里，镌刻在我们的骨髓里，汇聚在我们的生活细节里，比如保持地面的干净、帮助同学克服困难、每天认真解答每一道作业题，等等。生活处处有雅趣，关键是我们需要有一颗善良的心和热爱生活的激情，去体验，去感受，去细心呵护。"孩子们的眼睛里闪闪发光。

是啊，在这个物欲横流的社会，生活的忙碌和压力，让我们的生活失却了欣喜和想象，缺乏灵气和美感。很多人，哪怕物质再丰富，也不幸福、不快乐。如此，人生有何意义呢？而一个精神愉悦的人，他拥有超越物质享受的满足，可以感受到生活的诗意，体验到美丽的人生。正如英国哲学家休谟所说："一个人由趣味的愉快中所得到的幸福，要比由欲望的满足中所得到的幸福更大。"

下课时分，我看到几个孩子已经悄悄地在侍弄着教室里的花草，那鲜红的玫瑰，开得那么盛！密密层层的花瓣，就像包裹着夏天的激情。他们都在努力地绽放，绽放成一幅画、一首诗、一份生命的惊喜……

7 研习：我们到底向名师学什么

名师众多，我们如何学习名师？要想真正把名师的优势学习消化掉，转化成自己的能力，我以为需要做好以下几个方面。

了解名师的人生经历

名师，我们往往看到的是他们闪耀的光环，却没有看到这光环背后的炼狱般的付出，还有他们的技艺里蕴含的文化底蕴、良好的教育素养、饱满的个性、高尚的品位和对教育的赤子之心。

我们要多去了解名师的经历，任何一个辉煌的背后，都有着不为人知的辛酸，甚至炼狱般的磨炼。当我们真正懂得一个名师经历了怎样的压力与焦虑，面对过怎样的诱惑与孤寂，品尝过怎样的焦灼与疲惫，经历过怎样的坚持与放弃，我们才能明白他何以成为名师。他真正把赤子之心融入了岁月，见证了时光，温暖了心灵，点亮了思想。漫漫长夜，执著守候，最后破茧成蝶！

我们通过学习名师，明白了珍贵的东西慢成长，知晓了珍贵的人生慢积淀。名师的人生经历，为我们的学习打下了坚实而厚重的底色。

学习名师的亮点特长

每个人都有自己的优势特长，同时也有自己的弱点局限。但是每一个名师能够成为"名师"，一定是有他的独到精进之处的。比如，有的名师主张"自主管理"，以"实施自主教育"为特色，有的名师主张"爱心教育"，以"尊重学生，让每一个孩子能幸福"为宗旨；有的名师以"理论"探究为主线，有的名师以"实践"为主线；有的名师文章文采斐然，有的名师文章入情入理：各具千秋，百花齐放。

当我们分析了名师的亮点后，接下来要做的是，根据自己的实际，选择适合自己的方面，选择名师最有特色、最具亮点的地方进行学习。同时，一定要有自己的个性和特色，学习的目的是内化迁移，不是生搬硬套。既保留自己的优势，又学习名师的长处，如此，学习才能真实地发生！

研究名师的思维方式

很多时候，一线教师学习名师喜欢学习"拿来就能用"的经典课例，或者实际做法。其实，这样的学习只是表层学习，而且学生不一样，具体的情况不一样，导致最后的学习效果不尽如人意。同时，模仿具体案例和做法，东西永远是别人的，不能形成自己的成果。

名师真正值得我们学习的，是他的思维方式。因为一个人的思路决定出路。比如我们读名师的书，看名师的课，需要思考：他为什么要这样做？这里面的内在联系是什么？他当时的客观条件是什么？如果我来做，我会如何做？我和他的差别在哪儿？

经过一番深入比较之后，你能发现名师之所以成为名师，是因为他的思维方式有独到的地方。学习名师的思维方式并运用于实际，学习到的东西就不再是"二手货""三手货"，而是实实在在的"原创"。通过这样的长期实践，最后就会慢慢形成自己的特色。

感知名师的为人处世

名师也许是因为他在某一个专业领域长于其他人而成名，但并不代表他的其他方面就一定是最优秀的。所以，学习名师，我们更要看重他的人品。一个能真正走得长远、走得长久，并能得到大家长久的崇敬和爱戴的名师，一定是一个人品才华俱佳的名师。

俗话说"近朱者赤，近墨者黑"，我们不仅要明确自己是谁，也要关注会遇到谁，选择和谁在一起。学习名师，除了学习专业知识和技能，更需要学习名师的为人处世之道。名师的正直、谦和、上进、温暖、宽容、格局，都可以成为我们学习的榜样，甚至深入到我们的骨髓，内化成我们的行为准则，影响我们的人生观和世界观。这样的影响才是深远的影响，这样的学习才是真正走进心灵和灵魂深处的学习！

8 修正：要做灵魂理发师

我们一般都把老师说成是"人类灵魂的工程师"，我倒是认为，应该把老师叫作"人类灵魂理发师"。

为什么呢？"人类灵魂工程师"是把孩子当作原材料，按照我们希望的样子塑造，而"人类灵魂理发师"是尊重已有的原型，因势利导，因材施教。

做"人类灵魂理发师"，有诸多需要注意的地方。

首先，每个孩子的头型是固定的，他们都是独立的个体，都有自己独特的价值，都有熠熠闪光的一面；同时，每个人的发展水平不尽相同，我们没有权利去挑剔，只能接纳。孩子的第一任老师是父母，他们被交给老师的时候，已经经过家庭教育的熏陶和塑造，我们有能力去重新塑造他的头型吗？接纳、尊重是第一要求。

洗发是个技术活，软软的洗头床和专业按摩，还有淡淡香味的洗发水，一切都要恰到好处，给人舒适的感觉——我们做教育，要给孩子一个舒适的文化场。

其次，我们要了解理发者的内心定位和需求，了解他想要什么样的发型，不能按照我们自己认为好看的发型去理，哪怕你理得再认真，再努力，哪怕你认为这个发型很好看，如果理发者本人不喜欢，就会出现理想的效果与实际的大相径庭。所以，理发师需要尊重理发者的爱好和个性。他想要什么样的发型，我们顺势而为，根据头形、脸形、体型、发质等，进行修剪和改进；如果发型不适合，我们也只能建议，但不能代替。而且，千万别伤其头皮，不然，好心也会办坏事。

再次，理发师需要深谙流行新风尚。要剪得出寸头的美感，要剪得出锅盖头的张扬，什么碎发、蘑菇头、梨花烫、公主烫都得会，不能什么发型最后理出来都是那种老气横秋的沉闷头，也千万别把"卷发"做成"拉面"，把"直发"做成"钢丝"。不然人家本想换发型，最后变成想换头，那就麻烦了！

理发师需要懂得"美发"，不仅仅是理发。美其所美，发扬他的优点，扬长避短，让每一个理发的孩子因为发型而更加快乐；要美其所志，让每个理发的孩子因为有精神的追求，内心变得更加丰盈；要美其所行，让孩子因为自己的每一点滴而变得更加自信。做理发师，我们要做锦上添花的事情，而不是雪上加霜。

最后，理发师还得会用染发剂和烫发剂。用好的染发剂、烫发剂，尽量少伤害头发头皮，不能为了好看而不顾及化学制剂致癌的风险。教育同样如此，有的教育行为现在有用，以后未必有用，甚至还有坏处。所以我们尽量还是做现在有用，以后也有用的教育吧！

灵魂理发师们，千万不要担心孩子犯错误，因为孩子的错误正好证明了我们教师的价值所在！

还有，我们这些理发师，不能"剃头挑子一头热"。孩子的第一任老师是父母，家庭教育的熏陶至关重要。在学校，老师讲一样的知识，孩子听一样的课，可最后的结果却并不一样，除了孩子的个体差异外，也有家庭教育不同的原因，所以我们要充分调动家长的力量，让他们和我们一起，齐头并进，齐心协力。

当然，要做就做一个有灵魂的理发师，把理发变成一种享受和快乐！

9 自强：尊重比喜欢更重要

　　有朋友告诉我，他在单位里不被某某领导喜欢。其实，面对朋友的苦恼，我只能表达同情。我想说：用实力赢得尊严，比喜欢更重要。

　　成年人的世界，比让人喜欢更重要的是，获得尊重。我们何必为别人不喜欢而烦恼呢？

　　同时，这个世界上没有无缘无故的恨，也没有无缘无故的爱。被人喜欢，是因为你的某一个特质或者某一个方面，正好满足了他内心的一个渴望，所以他喜欢的不是你本来的自己，而是他内心深处的幻影。

　　因此，喜欢与不喜欢，主动权掌握在别人的手里。有可能他以前喜欢你，现在不喜欢你；也有可能他现在不喜欢你，有一天环境发生变化，他变得喜欢你。这里面充满着无数的变数。喜欢与不喜欢只是一种小孩子世界的评价标准，如果我们作为成年人，还整天在为别人喜欢不喜欢而烦恼，说明我们内心不够强大，不够成熟。因为一个内心虚弱的人才渴望通过外界的肯定来给自己信心，把人生寄托在别人喜欢与否，本身就输了。

　　内心强大的人是不需要依靠别人的喜欢来肯定自己的。尊重和欣赏，是靠实力来赢得的。我们真正需要的是把自己引向战胜自我的高处。

　　相比于喜欢，尊重才是一种稳定的力量，主动权在自己。

　　在尊重自己的人中停留，你自行掌握环境的变化，就不会陷入情绪不稳定的泥沼。

　　想让别人尊重你，需要资本，更需要价值。同时，尊重也是有期限的，持续地前行，持续地提升，才能保持尊重的恒久稳定。

　　如何赢得别人的尊重呢？

首先，拥有自立自强的心灵。一个自立自强的人，才会有自己独立的思想而不是人云亦云，才会明晰内心想要的是什么，才会保持内心的笃定和宁静。学会自爱，才能接纳自我；懂得自立，才能告别依赖；走向自强，才能赢得尊重。

由此可见，我们需要时刻保持一颗平静稳定的心态，扎扎实实地做事，一丝不苟地行动，在安静中强大自我，在困境中提升自我。遇到问题，不必惊恐交加，不必惊慌失措，一个人只有咬着牙，坚持走过一段没有人帮忙、没有人依赖的寂寞清苦时光，才能真正做到内心强大，才能真正走向自立自强的境界。

其次，尊重身边的每一个人。你认为最不可能的事情，往往会变成决定我们命运的事情。你最不屑的人，也许会决定你的命运。敬人即敬己，人生处处是考场，细节里看人品。智者懂得"己所不欲，勿施于人"，懂得去善待每一个人。如此，人生的境界才能越来越宽广。爱人者，人恒爱之。尊重别人，涵养美德；被人尊重，赢得幸福。

最后，我们永远别忘记成长。这个世界上，唯有向上的姿态才是最美的。一定程度上可以说，人生所付出的所有代价都与自己的人格缺陷有关，不要怨恨给我们带来过阻碍的人，每一段旅程，我们都应该清醒地认识到：我的起点在哪里，我的位置在哪里，我的目标在哪里，我还需要走向何方。不断地聆听生命成长的声音，把自己成长为更好的自己。人生是自己的，如果我们不自己阻拦自己，没有人能挡住我们的成长。生命不止，奋斗不止！这样的你，才有资格，赢得别人的尊重。

当你拥有自立自强的稳健人格，拥有尊重每一个人的宽柔品格，保持不断成长的生命姿态，尊重你的人就会越来越多。

愿你被人喜欢，更被人尊重。相信，实力才是你的品牌！

10 磨砺：走过苦难，便是晴天

　　和朋友聊天，他偶然说起："我曾没钱买米。"说这话的时候，朋友显得很轻松，可风轻云淡的背后，我却读到了朋友当年背后的心酸与无助。世间有一种苦难，那就是在生活面前无能为力，面对生存却无力可为。没有眼前，何来诗和远方？一切在生存面前都显得那么单薄无力，微不足道。

　　朋友给大家的印象从来都是从容不迫，不悲不喜，不疾不徐，既有入世的得道，也不乏出世的脱俗。在他身上写着的从来没有控制，而是成全，他朴实坦荡，却又沉静睿智！

　　现在我明白了，有如此修养、如此胸襟、如此气魄之人，经历了多少世事沧桑，饱尝多少人情冷暖。承受的苦难，已经变成心性的修炼；经历的困难，已经化作岁月的积淀。

　　当一切苦难变成过去的时候，最后积累的沧桑和留下的眷念已经变成了披荆斩棘的财富。有这样生活体验的人，自然多了一份深刻的底蕴和生命的厚重。

　　人生，没有白费的努力，也没有碰巧的成功。机会总是乔装成很麻烦的样子向我们走来。正如罗近月所说："每一个人只有走过足够长的路，才能理解自己经历的来龙去脉。"我们走过的每一段旅程，都会变成生命的营养液，滋养我们未来的道路，这一路上，无论坎坷泥泞，还是坦荡如砥，最后都会成为生命旅程中一段迤逦的风景！

　　那些奋笔疾书的夜晚，那些煮茶读书的日子，那些背起行囊流浪的岁月，那些经历纵横沟壑的时光，串联起来，最后积蓄成我们丰盛的人生状态。原来淡然的心境是趟过苦楚练就的，智慧的背后是历经艰难锻造。或许，在某一个时刻，曾经经历的痛苦、无奈和不知所措，都会如古战场一般被黄沙掩埋，所有的惊涛骇浪、金戈铁马、陈年往事，都灰飞烟灭，最后化作人前轻轻一笑，淡然一句：现在挺好。然后，默然无言。内心的沉郁顿挫，唯有走过，方能体悟……哪有什么岁月静好，不过是曾经沧海，负重前行罢了。

白落梅说：时间很短，天涯很远。往后的一山一水，一朝一夕，何惧坎坷，何畏艰难，自己的路，必须安静地走完。倘若不慎走失迷途，跌入水中，也应记得有一条河流叫重生。这世上，任何地方，都可以生长，生活让我身陷地狱，我却由此走向天堂。这才是在苦难中汲取力量，风云变幻仍然热情不减，世事沧桑仍然初心不忘。

没有什么比时间更具有说服力了，因为时间无需通知我们，就可以改变一切。是的，一切最后都会被岁月温柔以待，重新回头，挣扎、忍耐、苦痛之后留下的只有坦然、淡然、超然，如此，放下春的喧嚣，看淡夏的繁盛，握别秋的忧郁，在清冷的冬夜，还能静静地听雪落的声音。一切都不再是苦难，而那仅仅是旅途中的磨砺，当我们不用急切地想去解脱的时候，超然地看待，安静地等待，就像在睡梦中醒来，在一个不经意的瞬间，一切，风轻云淡……有些回忆，在心，便是温暖；有些过往，忆起，恬静，便是安好……

谢谢朋友给我的启迪，此时，窗外的一缕炊烟，已袅袅升起，虽然纤弱，但却坚韧，就像生命的一根细细的绳，努力向阳光的方向牵引……

11 净心：做一个心灵澄澈的人

一位十几年没见的老朋友说："你怎么十几年都没有受到社会尘埃的污染呀？"我惊愕，是呀，我怎么十几年了，还保持着刚刚踏入社会时的心境？这到底是好事还是坏事呀？

一位新认识的朋友说："您工作量那么大，但我感觉到您很有激情和热情，像太阳一样，温暖他人！"是吗？我只是在以本真之心做着真实的自己而已，我真是一个太阳吗？

一位一见如故的朋友，经常关心我，照顾我，引导我。有一次我出远门，她还惦记着我："千万别走丢了！我要叫个朋友照顾你！"感动之余，我哑然失笑：我就是一个糊涂的人，但傻人有傻福吧！

一位能在我迷茫时给予我清醒认识的朋友聊天时说："简单做人，简单做事，内心澄澈！"我恍然大悟，原来我一直是一个内心澄澈的人！

的确，只要内心光明，世界就不黑暗。做学问要在不疑处有疑，待人要在有疑处不疑。简单之人，简单做事，就会有很多属于自己的快乐。古人云："人之心胸，多欲则窄，寡欲则宽。人之心境，多欲则忙，寡欲则闲。人之心术，多欲则险，寡欲则平。人之心气，多欲则忧，寡欲则乐。"也许，有时候因为自己简单会碰壁、会撞墙，但喧哗是外在的，宁静是自己的。唯有如此，才能走向真善美的境界！给自己积极的心理暗示，相信信念的力量，也许这就是我一直保持着激情和热情的原因吧！

耐得住清冷，守得住寂寞，是做一个简单澄澈之人的法宝！人应该有两种心——平常心和进取心。平常心，让自己忘掉世俗的名利，让自己内心腾空，变得宁静；进取心，让自己有不竭的动力和不懈的追求！平常心与进取心需要平衡，而这个平衡的支点就是我们自己！我一直认为，也许每个人的追求不一样，但做人的修养比学识、比能力更重要！所以，在人生的旅途中，我不断地用这条准则警醒和告诫自己！

每个人身上都有很强的正能量，只是我们要不断地为自己的内心排毒、杀毒，让内心越来越澄澈，越来越宁静！也许有人会说：整天做那么多的事情，不累吗？其实，身体累了，顶多流一身臭汗，而心累了就会没有奇迹！心灵不累，才会有真正的闲适，才会内在充实，才心灵自由。提升内心的精神品位，就是提升自己内心的澄澈！

当然，澄澈的关键是沉下来，成为你自己。内心自在安稳，忧愁不扰不侵。所有的杂质沉淀，水才会清澈如初。把过去交给时间，把目光投向未来，把行动交给当下，一切才会举重若轻，无忧亦无惧！

做一个简单的人，做一个真实的人，做一个持之以恒的人。凭真性情做真人，是我永远的追求。身为平常人，要有平常心，平常之心往往会温暖别人、快乐自己！大智若愚，大才无华，永远不要把自己看得很重要；放低自己，看低自己，以真性情，做真教育！

做一个澄澈的人，真好！

12 阔达：做一个有格局的人

一个要好的朋友，受到了不公正的待遇。在安慰之余，我更多的是心疼和感同身受。因为有过同样的经历，所以我更能理解这位朋友心中的苦楚、彷徨与无奈。唯有走过，你才能真正明白：没有痛过，你不知道成长有多苦。

我告诉朋友，成长是需要格局的。做一个有格局的人，再大的苦也能撑过。因为，格局决定一个人最后的结局，我们要么出众，要么出局。格局有多宽广，你才能走多远。

格局都是被委屈撑大的。因为，吞得下委屈，才撑得起内里乾坤，才能真正懂得释然，才能真正做到思虑深刻、心胸开阔、布局广远。如此，心大了，事情就小了。最后，你会发现，一切万水千山，不过风轻云淡，于事安然。

那么，什么是格局呢？格就是人格，人品要正，不能走偏，要有尊严。局就是心胸，心中的开阔局面，也就是一个人的愿景、宏图、理想。格局就是对局势的理解和把握，反映一个人对事物所处的位置及未来变化的认知程度。

如何才能成为一个有格局的人呢？

第一，做人要有自尊与志向。一个有尊严的人是一个懂得自爱的人，当然，尊严都是自己给的，是自己奋斗出来和拼搏出来的。同时，一个有尊严的人还需要有志向，有明确的目标，这是成为有格局的人的基本条件。

第二，需要有善良和正义的品质。一个人的格局藏在他的言行举止中，善良的人才会有悲悯之心，正义的人才会有原则，当遇到各种困境的时候，这样的人不仅能体察别人的苦，同时也能实事求是地分析问题，如此，才会成为有格局的人。

第三，要善于学习。我们需要不断地充实自己的头脑，增长自己的见识。一个人对事情的看法，决定着他的行动。拓宽认知的边界，才会成为有格局的人。一个人认知范围越宽广，就越能体谅别人，思考也就更迅捷，做人也就更有智慧。善于学习对增长认知帮助很大。

第四，发扬自己的特长。人不必处处比别人强，只需要把自己的长处发挥到极致。当我们把自己的长处发挥到极致的时候，就是给自己增长信心的时候。一个有信心的人才会有扩大自己的格局的可能。所以，经营好自己的长处，就能增加自身格局的广度。

第五，给自己一个坚持的理由。任何一个有成就的人，他的背后都有不为人知的艰辛，所以人生的成就是用付出和汗水累积而成的。吃过的苦，走过的路，遇见的人，经历的事……所有的付出都会以另外一种形式回报给你，成为丰富你的生命、赢得你的尊严的人生营养，滋养你未来成长的道路。

第六，重视经历的过程，而不是结果。人需要不断问自己三个问题：我在哪？要走向哪里？找到自己了吗？明晰了这三个问题，剩下的就是不断朝向美好去奋斗。有意义的事情总是在当下，每一个注重过程的人，结局都不会太差。

当有一天你可以骄傲地对自己说"我来过，我努力过，我经历过"，面对生命中的惊涛骇浪、风霜雨雪，内心不再有任何波澜，而是宁静而柔和、美好而坚定，那么，恭喜你，你已经慢慢成长为一个有格局的人了。

13 平等：蹲下来，平视他

有这样一个故事：音乐课上，女教师的裙子上粘着各种颜色的五角星，谁听讲认真，积极动脑，回答准确，谁就能获得一枚五角星。下课了，一位学生拾到了老师无意中掉落的一枚五角星，而这位同学上课时一枚五角星都没有得到，她多么渴望得到一枚五角星呀！但她还是恭恭敬敬地交还给了老师。然而，让她意想不到的是，女老师居然冷漠地说："下课了，已经没用了，扔了吧！"孩子愣住了，呆呆地站在原地，很久很久……

"已经没用了，扔了吧！"我可以想象当时女老师那不屑一顾的样子和小女孩那失望的神情……在老师的眼里是没有用的东西，可在孩子心中却是"一块宝"，因为那是肯定自己的一份见证和荣誉啊！下一堂课，女老师再用五角星作为奖品的时候，孩子还会为得到五角星而欣喜若狂吗？下一次她拾到五角星还会交给老师吗？

有时候，一个无意的举止，一个不屑的眼神，一句轻蔑的语言，我们以为微不足道，可在孩子心中已经留下了深深的烙印，在无意中伤害了孩子。

记得有一次，班上一个孩子的问题有些棘手，我就孩子的问题跟同行商量了一下。后来，被孩子知道了，孩子有些伤心，质问我："我这么信任你，你怎么把我的问题去和别人说呢？"

顿时，我的心猛地一颤。是呀，我把自己当医生了，就病人的病情和疑难杂症与别人一起诊断，一起解决，却忘记了考虑当事人的心理感受。这就像一位外科医生带着一群实习医生，在一个活生生的病人面前，介绍他有病的器官，我相信病人此时的感受，就像自己是展览品一般。这种感受和当时孩子的感受是一样的。为什么我就不能想到这一点呢？

我们的自以为是和高高在上的优越感，导致我们屏蔽了觉察学生情感的脉搏，最后给了学生一厢情愿的爱。根本原因是我们没有真正平等地用孩子的心境去体量孩子的心境，这样是不可能走进学生的心灵世界的。

于是，我急忙给孩子道歉："对不起，对不起，是老师考虑不周到，只想着怎么帮助你，却没有考虑到你的想法，我伤害了你，是我错了！"孩子是善良的，马上摆摆手说："没事了。"

孩子原谅了我，感动之余，我更为自己庆幸。在仓促间，我终于选择了把孩子放在一个平等尊重的位置，用温热真诚的道歉代替了屏蔽和遮掩，选择平视他、倾听他、呵护他。

记得有这样一个故事：

一位母亲说自己的孩子很奇怪，老是不喜欢逛商场。后来，这位母亲发现了其中的奥秘：有一次，在逛商场的时候，她蹲下来给孩子系鞋带，当她和孩子同样高低的时候，她发现看到的全是人的两条腿，根本无法看到琳琅满目的货台。每次都在商场里看到这样的画面，谁还愿意逛呀！

原来，站在孩子的角度，看到的是一个与成人世界完全不同的世界。所以视角不同，看到的东西就不同。当我们蹲下来，平视孩子的时候，才能真正地感受孩子的世界。

所以，作为父母也好，作为教育者也罢，孩子需要的是我们蹲下来，平视他。这时，孩子才会有一种被平等对待的尊重感，被理解认可的舒适感。

蹲下来，平视他，比什么都重要！

14 反思：学生评教后……

学校进行了学生评教活动，有的老师因为严格要求学生，"被学生喜欢"这一项目的分数很低。大家心里很是难受："唉，我对学生那么好，那么负责任，最后，得到的是被学生否定。真的太有挫败感了！"

当老师这样感慨的时候，每一个热爱自己职业的老师，每一个兢兢业业的老师都能感同身受。在难过之余，我们是不是可以进一步思考一下这件事背后的原因呢？

为什么有挫败感？
——急功近利的做法造就了急于求成的想法

我们为什么会有挫败感？"我对学生那么好，为什么学生还这样对我？"老师说这话的时候，我们能感受到他恨铁不成钢的那份着急和遗憾。但是，我们可以反过来想一想，我们对学生好，是单纯的爱吗？真的就站在孩子的角度，去感同身受地思考学生的感受了吗？也许，更多的是爱我们的业绩，爱我们的面子，爱我们自己。

这样思考，我们就不难理解，有的班级的学生痛苦地说："我不要老师爱我，他不爱我，我还能幸福一点。"学生在这一点上，看得是很明白的。老师也是普通人，也有生活生存的压力和需求。面对各种考核、各种压力，稍不注意，我们就会有急功近利的做法、急于求成的想法，一旦学生不服从，就觉得动了自己的权威和尊严，挫败感也就油然而生。

不被学生接受就挫败了？

——无情地否定自己和坚定地相信自己

不同的家庭走出来的孩子，因为不同的教育方法，形成了不同的人生观和世界观，不能保证让每一个孩子都接受你的观念。王晓春老师说过，如果一个班上百分之十的学生都不喜欢你，这说明是你的问题。所以，此时我们真正该做的不是觉得自己有多挫败，而是多反思自己！

当然，一个人怎么可能让百分之百的人满意，也不可能让百分之百的人不满意。当发生问题的时候，我们要有这样的心态：感谢爱我的人，给了我信心；感谢不爱我的人，让我懂得了反思。所以，无情地否定自己和坚定地相信自己，才是我们保持进步的源泉！

学生为什么不可以打败你？

——顺应天性才是真正的尊重

《种树郭橐驼传》的启示就是要顺应孩子的天性："学生是人""学生是独特的人""学生是具有独立意义的人""每个孩子都是各具特色的"，顺应天性才是真正的尊重。

当学生不喜欢老师时，或许是对老师的做法不理解，很多时候不是靠三言两语可以改变的，也不是靠几次谈心孩子就能理解的，更不是靠给一点恩惠学生就会感激涕零的，而是靠老师持之以恒的育人信念，靠对学生不变的关怀、默默的付出。

如果我努力了，没有收获，那我也无怨无悔。当然，更重要的是根据学生的特点"因地制宜""因时施教""因材施教"。多一把尺度，就多一方天空。

毕淑敏说，有些事情，年轻的时候，无法懂得，懂得的时候，已不再年轻。她说的是一种人生遗憾。我们都追求人生的完美，但是，真相却是：世界是不完美的。所以，当我们被学生评教后，适当复盘就是对我们自身成长的督促！

15 沟通：和睿智的人交流就是走向卓越

有时心里颇不宁静，当自己扛不住的时候，寻求帮助，选择交流，也是一种解决问题的方式。

和学校领导交流后，心里豁然开朗。这样的领导简直就是促我改进的一面镜子——沉静而通透，睿智而稳重，豁达而开阔。能有如此修养的人，那的确是需要一定胸怀和气魄的。自然，与之交流，收获也就不言而喻了。

控制与引导

和校领导交流，说到年级的问题。他说："面对管理问题的时候，不要控制，而应该要引导。"

控制有强制服从和强制顺从的感觉，引导是用启发的方式，让对方更容易接受；控制有逼迫的意思，引导更侧重于对方的内在需求，更尊重对方；控制显得粗暴，引导显得柔和。

引导在生活中处处适合——面对学生、家长、亲人、同事。如果你控制学生，逼迫学生，产生的副作用也大。我们的目的是帮助学生改进，而不是控制。如果我们一味地用控制的方式对待学生，就会离我们的教育目标越来越远。

有时候，我们可以换一种思路思考：相信人性的美好，宽容、理解、信赖能让人心情更舒展。心情舒展了，状态也就好了。

解放了学生，也解放了我们自己！学会深深地弯下腰，去凝视，去引导，去帮助。这样才离教育更近，离生活的原点更近。如此，才能找回真实的自己！

现实与内心

当眼里只有我们自己的世界，教育永远不会真正发生！有时候，在现实的道路上，走着走着就彷徨了，走着走着就找不到方向了。因为走得太久，而忘记了赶路的方向；因为走得匆忙，而忘记了路途的风景！

和学生一起行走，相伴相依，并不是说分数不重要，而是在老师的意念中，分数应该是相对的，而不是绝对的。分数只是一个附属品，而不能是主产品。越是纠结，就越是功利。而纠结只会让问题越来越糟糕。作为教师，不仅要提高教学水平，更要提升教育情怀和教育价值。做真正的教育，对学生生命姿态的引领永远比知识更重要！

教育行走的理想姿态应该是：走着走着，花就开了；走着走着，天就蓝了；走着走着，春天就来了！

努力做到超脱，卓越。虽然很难，但这是教育的必修课——我不断警醒自己！

宁静与浮躁

心累的时候，换个角度看世界；压抑的时候，换个环境深呼吸；困惑的时候，换个角度去思考；犹豫的时候，换个思路去选择。换个角度，世界就是另外的样子。人之所以纠结，是因为胸怀不够，是因为修养不够。我终于明白，为什么我的这位校领导能如此从容，那是因为有足够的内涵和阅历！

杨绛说："人生实苦。"百岁老人总结出的人生哲理，恐怕是生命中最为中肯的一句大实话吧！艰难和沉重是生命的常态，是日常生活的底色，是生命的洗礼，是不可卸掉的包袱！如果纠结能让事情变好，那就不计成本去做吧，关键是，纠结和焦虑只会让事情更糟糕！

浮躁是因为内心的浅薄，宁静才是修行的必要，人生就是一场远游，东西太沉，就会走不动，学会放下，才能轻装远行，静心才能久远！

不要太较真，更不要纠结。毕淑敏有言："生活有裂缝，阳光才照得进来。"学会在任何情景下保持平静和舒适的心情，才有能力和情怀把坏事变成好事，把负能量变成正能量！

生活以痛吻我，我却报之以歌，感谢与校领导的这次交流，感谢生活！

16 慎独：我成书的孤独之旅

曾经读《红楼梦》里的"满纸荒唐言，一把辛酸泪，都云作者痴，谁解其中味"，觉得自己懂了。后来发现，没有经历过，没有体验过，永远只是隔靴搔痒。只有走过才懂得：什么是悲壮的孤独之旅。

也许写完一本书看似很简单，却经历了千回百转、回环往复的过程。写，仅仅是走入孤独的第一步，而把文字整理成一本完整的书的过程，那才是生命中一段真正的孤独之苦。

"千山鸟飞绝，万径人踪灭"
——初尝孤独

在整理目录的过程中，我是几次易稿，为了把目录整理得既有理论高度，又能让读者一目了然，在最寒冷的冬季，我把自己一个人关在了冰冷的宿舍，唯有微弱的炉火与我相伴。

窗外天空纯净如水，屋内时光静好，静到都能听见自己的心跳。在静寂中思考、琢磨、开悟，从一团乱麻中理出头绪，从平凡中看到不平凡，集中精力，心无旁骛，终于完成了书稿的目录。

此时，我知道了，孤独是静静地享受一个人的清欢，心如止水地做自己喜欢的事情。

"念天地之悠悠，独怆然而涕下"
——再识孤独

如果说整理目录是浅尝孤独，修改则是我经历孤独的第二重境界。

整理好目录后，我把稿件给编辑检查，接着就开始了艰难的改稿之旅。一遍一遍仔细修改，每一遍都有着不同的要求。

"素衣拘我言中泪，竹杖伴我独行路。回首向来萧瑟处，那人却在灯火阑珊处。"每一个夜深人静的夜晚，独守一盏心灯，凝望苍凉无垠的夜色，在别人欢笑、休息的时候，我与枯燥的文字"较劲"，咀嚼着那份空旷开阔却又寂静清远的孤独。很多事情，就是这样，我们无法获得所有人的理解，有时候还会引起各种误解，却还要不断地说服自己，坚持着自己的坚持，执著着自己的执著。

一万小时定律：人们眼中的天才之所以卓越非凡，并非天资高人一等，而是付出了持续不断的努力。一万小时的锤炼是任何平凡人从平凡变成超凡的必要条件。

我庆幸，自己坚持过来了。在这份执著的坚持中，灵感得以产生，创造得以萌发，思想得以闪烁。我终于坚持走完了九次修改的艰难之旅。每一遍都需要忍受彻骨的孤独之痛。

此时，我懂得了，孤独是坚持，独自一人坚守着枯燥寂寞的事情。

"夕阳西下，断肠人在天涯"
——极致孤独

也许坚持能让人走过一段寂寞清苦的时光，而删掉文字，却是我割心剜肉般疼痛的孤独之旅。

当所有的事情都做完，我以为自己可以松口气的时候，却意外发现，超出了约定的字数，需要删掉七万多文字。经过激烈的思想斗争，我决定再次在孤独中沉浮。

然而，难度远超我的想象，自己辛辛苦苦整理修改的文字需要删减，那简直是要了自己的命。更让我痛不欲生的是：原本是删减文字，结果却是越写越多……

我几近崩溃，甚至几度想放弃。我绝望地祈求编辑："我不删了，好吗？"编辑冷静而有些绝情地回答："如果不删了，就没有必要出版了。"一句简单的话语，断了我所有想放弃的念头。经过一番挣扎，我不得不逼自己沉下心来，重新忍痛割爱，重新思考哪些是重点，哪些没有用，甚至精确到一个标点符号、一个虚词的运用。

人，最重要的是精神的支柱。我感恩我的老公和孩子，他们是我这段孤独之旅中最重要的慰藉和温暖，他们给予我的精神力量，支撑着我熬过漫漫长夜，终于把稿件完成了。

此时，我顿悟了，孤独是煎熬，你必须学会独自一人把彻骨的痛变成一种能量，一种超乎自己承受范围的能量，你才能真正在孤独中获得重生。

享受孤独，在清冷中坚持，在痛苦中重生，成就一种忘我的超然，一种涅槃的酣畅。如此，无论经历多少孤独与煎熬，我们都会以一个朝气蓬勃的面孔，在每一个美丽的清晨醒来……

17 耐挫：感谢那些年我生过的病

我老公经常说："你看你哟，年纪轻轻的，看病都堪称传奇了！"他这话说得一点不夸张。说来真是话长！

我自幼身体就不是很好，结婚后更是变本加厉。先不说自己的职业病——咽炎，就说女人的妇科病，那真是给我惹了不少麻烦。就一个肚子疼，那可不是一部传奇，应该说是几部传奇！

一

刚结婚那会儿，有一次肚子疼，我走进医院，各种仪器检查后，医生郑重其事地说："你这个情况必须住院，盆腔出了问题，需要住院治疗！不然，以后要是怀不上小孩，可是大事了！"一听怀不上小孩，那真不是小事。于是，我三下五除二地回家收拾衣服，住进了医院。

在医院里平静地度过了一天。第二天，来了一个文质彬彬的医生，热情似火。先是询问病情，接着和蔼可亲地说："妹妹，你这个病情可能是输卵管出了问题，需要做腹腔镜检查一下！"

我瞪大眼睛，好奇地问："腹腔镜是怎么一回事呀？"

医生笑容可掬地说："就是在肚子上打几个小孔，然后检查！一点不疼的。"一边说一边把我带到隔壁病房，指着一个正斜躺在床上的胖胖的的姑娘，说："她刚刚做完！你问问她感觉如何！"

小姑娘勉强挤出一丝笑容，说："还好，不是很疼！""不是很疼"几个字顿时让我心惊肉跳。我生来怕疼，"不是很疼"意味着还是有些疼。于是，心里开始打起退堂鼓来。

我跑到走廊，悄悄给老公打了电话。老公的脾气和重庆的天气一样。他一听，火冒三丈，粗声大气地在电话里吼："出院出院，肚子疼就生不出娃儿了？换地方看！"于是，我又是写安全责任书，又是苦苦哀求，终于离开了医院。

回到家，心头始终像被乌云笼罩着一样。孩子可是家里的定海神针呀，婆婆可是早就盼望着抱孙子了。这不，听说我生病了，马上背着豆浆机以及吃的穿的一大包来照顾我。看来，还得到大医院去检查一下。

于是去医院做了一个输卵管检查，没问题，这才放下心来。出乎意料的是，这之后一个月就怀上小孩了。我暗自庆幸，还好还好，没有在肚子上打几个孔、钻几个洞哟！

二

后来，半夜三更，又是肚子疼。深更半夜的，只好到本地医院，说情况，诉病情，做 B 超。医生拿着结果单，惊叫起来："哎呀，你这个卵巢囊肿怎么这么大！"她转头和旁边的医生嘀咕："有点像××的症状啊！"

我有些好奇："什么病的症状？"

"卵巢癌！"

"啊！"顿时，我整个人晃动得厉害，仿佛整个地球都晃动了几圈。医生看着我的表情，马上安慰道："先输液吧，万一消肿了，那就不是那个东西了！"我心里也自我安慰：快消快消！

那几天，每天都在心惊胆战中煎熬。一个星期过去啦，肿还是没有消。怎么办？我心有不甘，直接跑到大医院。

专家号没有了，挂了一个普通号，接诊的是一个戴着眼镜的年轻女医生，看年纪可能才毕业不久。她看了看我的症状，慢条斯理地说："看这个症状，像你们地方医院说的病啊！"晴天霹雳，晴天霹雳！我的泪再也忍受不住，夺眶而出。

不知道我是怎么跟跟跄跄地走出医院的，仿佛已经到了世界末日。我拿着电话，首先是打给老公，仿佛在交代后事一般："老公，医生说症状像地方医院说的那个病！"电话那头沉默……

"老公，孩子怎么办？千万别找个对孩子不好的后妈！"

老公说话了："放心吧！我好好带孩子！"

"那我爸妈怎么办？"

更长的沉默……"我一年去看他们一次！"

不错了，不错了，能去看，就不错了。我在心里安慰着自己。我哪里知道，电话的另外一头，老公已经哭成了泪人。老公急忙给婆婆公公打了电话，一家人都在痛哭流涕。还好，家里的弟妹是护士，她给还在医院转悠的我打电话，坚决地说："你试着先预约专家号看看，别急着下结论，好不？"我像抓住一根救命稻草一样，急忙预约好专家号。

等待的日子简直就是人间地狱般煎熬，仿佛人生只剩下了最后的日子，但又那么渴望这一切是误诊。

等待了两天，这次看病的是一个满头银发的老奶奶，静静听我诉说完病情。检查完 B 超，她轻描淡写地说："有可能是经前卵巢囊肿。先把我的药吃了，等生理期结束了之后再来复查，再下结论，好吗？"我感恩戴德地连说"谢谢"，心里惊叹：看来，姜还是老的辣呀！果然，生理期结束后，囊肿自然消退很多，我再一次深深地舒了一口气！

虽是一场虚惊，却还是"惊天动地"！吓得自己只好请假两周，在家休养。

三

后来，一个早上，突然又是一阵肚子疼。这一次是一个心直口快的中年医生接诊的。检查完毕后，他坚定地说："直接打120，送上一级医院。万一这个病闹出什么生命危险，我们医院可负不起责任！"我一听，又傻眼了。怎么一个肚子疼就闹到有生命危险的地步了？只能住院了。

这一次没办法自己走去了，被救护车送进了医院。我再一次领悟到生命末日的感觉。老公和儿子，一人拉着我的一只手，一路上不停地叫着我，生怕一睡过去，就会阴阳两隔……

老公红肿着眼睛，一直张罗着买住院用的洗漱用品，儿子坐在旁边抽抽搭搭。一家人开始把医院当作"家"，早上从医院出发急匆匆上班上学，下午下班放学后，又急匆匆往医院赶。一人生病，全家遭罪！不敢告诉父母，怕他们也跟着遭罪。

身边的亲戚朋友同事学生们，都络绎不绝地来看望，学生们突然变得异常懂事。有孩子在群里发了我住院消瘦的照片，发表了自己的感慨。在深深感动之余，我居然又萌生出奇怪的想法：糟糕，是不是真的得了不治之症了？

等病情稍微稳定后，又急着往大医院赶。这一次，直接挂专家号，等在就诊室外的自己，看着人来人往的病人，惶恐不已。

病友们互相侃着病情，我内心的恐慌始终挥之不去，看着别人都没有"排癌检查"，内心又是翻云覆雨，狂跳不止——为什么别人都不用排癌，难道……？一阵胡思乱想在所难免。原来，求生是每一种生物的本能。

终于检查完一切，需要等待结果。每一次等待都似在油锅里的煎熬，而更为悲催的是，等我把所有的数据拿给就诊医生看的时候，医生冷冷地说："错了，检查漏掉最重要的一项，还需要重新抽血检查！"天哪！我不得不重新排队，重新抽血，重新经历惶恐、煎熬的过程。再一次走到就诊室，医生平淡地说："看来癌是暂时排除了，但是你体内的血团的吸收，可能需要三个月，三个月后再进行复诊！"终于是守着日出，守到日落；守着花开，守到落红。幸好又是虚惊一场。

人在生病的时候，最能思考人生的意义，经历了潮起潮落的看病传奇后，我终于发现：人生最曼妙的风景，是内心的淡定与从容。人一辈子，最重要的还是情义。善待生活，好好陪伴身边的人，谁能说得清这沧海一粟般渺小的生命，什么时候会消失在茫茫众生之中呢？

感谢那些年我生过的病，让我更加懂得：从容于心，淡定于行。珍惜生命，珍惜拥有，珍惜你爱的人和爱你的人，且行且珍惜！活着，就是美好！

18 精进：那一年，我的人生转折点

　　总是站在晨曦微露的起点，回望自己走过的旅程，仿佛自己还站在曾经的出发之地，却不知道，时间却扮了一个鬼脸，一溜烟地跑了。

　　一如当年，朱自清在《匆匆》里说的那样——"没有声音，也没有影子。我不禁头涔涔而泪潸潸了。"对，去的尽管去，来的尽管来；去来的中间，又是何等的匆匆呀！

　　回想自己专业成长之路，我发现，那一年，是我人生的转折点。也许人生就是这么奇妙，最关键的也就那么几步，某一个点就成为你人生顿悟的开端！

　　那一年，我生了一场大病。在自己毫无思想准备的情况下，病来得那么仓促。

　　人往往在生病的时候，才能静静地思考自己。病前，对于孩子们我总是担心这担心那。一直觉得，他们好像永远无法让人放心，有什么问题，是离不开老师的。生病后，我发现：当我转向幕后的时候，孩子的主动性比我想象中强得多。这不得不让我反思，我曾经的教育方式的利弊。

　　原来，所有的教育活动和教育技巧，都只是外围战，而真正亘古不变的内在的教育原点是，把孩子放在一个尊重、平等的位置，把长辈的身份转变为朋友的身份，把站着的样子转变成坐着的姿态。由衷的赞美永远胜过苛刻的批评，要把不敢相信转化成充分信任，把不敢放手转变成放开手脚。心态的安全永远胜过无意识的恐惧，大胆的放手永远胜过过度的关注！

　　我明白了，做心灵需要的教育，需要我们给孩子温暖安全的环境，给

孩子成长的空间，给孩子由衷的赞赏，相信他们一定能行！

只有这样，我们的教育才有意义！

俗话说："塞翁失马，焉知非福！"在生病期间，我依然在做着培养学生自主能力的教育：成立了自管会、自我监督会，发放了聘书，制定了相关的措施……

在没有班主任、完全考验自我管理能力的日子里锻炼出来的能力，才是真正的自主能力。

在我生病期间，孩子们自己排练了节目。

躺在医院病床上的我，听着孩子们电话里的倾诉：在表演的现场，他们发自肺腑地喊出了"小霞加油，逐梦雄起"的口号。听到这句话的那一刻，我不禁潸然泪下。拿着电话的我，任眼泪像决堤的海，肆意泛滥！我可以想象，比赛现场的孩子们心里也是翻江倒海，百感交集，那种内心汇聚的能量，是可以超越一切困难的力量！

就在我生病期间，奇迹真的就这样发生了：孩子们真正把自己当作了自己的主人。他们召开了自主家长会——自己总结班级的情况，家长们在群里激动地赞叹着：从来不知道自己的孩子这么优秀！是的，大胆地相信孩子们，给他们一个舞台，他们会还我们无限精彩！

任何事物都是双刃剑，我生病期间正是孩子们情感懵懂的季节，班里的孩子早恋了，而且大多是优秀的孩子。

此时，我已经没有了以前的焦灼，而是以一个感情建议者的身份出现在孩子的面前，给他们当参谋，找他们促膝谈心。当我的身份转变的时候，早恋已经不是一个问题了。

等我康复回去后，我还给孩子们系统地开设了"情感体验课程"。当我由浅入深地引导孩子们正确看待爱情，正确学会爱、预习爱、感悟爱的时候，我发现，原来最好的教育就是"以身体之，以血验之"——感同身受地浸润和体验，学生自我的感悟才能转化成内在的功力。

这次生病，让我深刻明白：自我觉悟是一个不断参悟、历练的过程，虽然这是一个漫长的过程，我已经懂得了坦然面对得失，从容面对一切，用牵着蜗牛去散步的心态做教育，相信每一朵花都有自己的花期，"行到水穷处，坐看云起时"！

那一年，我上了很多节大型公开课。我不再为追求花哨浮华的表面热闹而绞尽脑汁，而是学会了用自己的特点，去塑造拥有自己特色的课堂。在磨课的过程中，我不断地思考每一个细节，寻找课堂的着力点，在挖掘课堂的深度和广度上下功夫。

我非常感谢身边的朋友们，那么发自内心地帮助我，我也学会了接受大家的意见，并和自己的思考相结合。如此辗转反复后才发现，课堂的打磨需要走过几个阶段：一是看山是山。当我们的课堂没有成型的时候，需要大家一起打磨，规范自己的课堂。二是看山不是山。当课堂有了一定的雏形，需要有自己的特色、自己的见解，每个人都是站在自己感悟的基础上，此时千万不能丢了自己。三是看山还是山。走过迷惘之后是清醒。当有了自己的思想意识后，一定要虚心听取意见，让自己的课堂更完善。我不再害怕公开课那"死去活来"的辗转反侧，开始主动迎接各种挑战！

当再次接受公开课任务的时候，我会主动请老师们来听我的课。并且，第二天我再私下找每一位老师为我提出建议。在此基础上，我再主动找一个班级再上一遍。如此反复实践，才能实现螺旋上升。

课堂永远有缺憾，任何课堂都有不完美的地方。遗憾是课堂永恒的主题，用每一堂课的精彩来激励自己，用每一处败笔来督促自己。课堂需要用一辈子的时间去思考和实践！有了教学的遗憾，才会有超越的空间，这是我们每个教师让教学趋于成熟的不竭的动力！

那一年，我评上了中学高级教师。在整理资料的过程中，我发现自己经历的所有的麻烦，都变成了人生最为宝贵的财富！原来，机会总是乔装成很麻烦的样子向我们走来的。

当到教委去交资料的时候，一个办事人员说："呀，居然是八零后呀，你是我们区最年轻的高级教师！"听着身边朋友和同事的祝福声，我发现自己是生活的幸运儿，优秀是大家的，我只是幸运的。

当看到高级教师证书的时候，我曾经设想自己会多么欣喜若狂。可真正发下来的时候，我却如此从容冷静，因为，那仅仅是人生的一个小小里程碑而已，那仅仅是一次次远足后上天怜爱我的一次馈赠而已。我应该感恩生活，感恩身边每一位帮助过我的人们。一位朋友要我传授经验，我写下了这些话："真诚待人，踏实做事，做人善良，做事实在。"是的，我们无法改变环境，改变别人，但是可以做好自己，让自己内心无愧，做内心澄澈的自己，足矣！对人要尊重，对待生活要谦卑，我还需要不断修炼自己的修养和人生的涵养！那一年，学校承办了一次大型的班主任论坛。我代表学校承担了一个讲座和一堂班会课。那段时间是我人生的低谷。在经历了兼顾自己的见解和站在大局观上的思想冲突与精神矛盾后，我能够理解从上至下，不是代表我一个人，而是代表集体，并且承载了多少人的厚望啊！论坛最后取得了圆满的成功。媒体记者惊喜地告诉我：我们发现了一个宝！当即有几个学校的德育主任邀请我去他们学校再交流一下。

虽然后来也在电视、报纸、网络上见到了相关报道，但我始终没有欣喜。因为我的脑海里始终盘旋着流沙河说过的话：理想如果给你带来荣誉，那只不过是它的副产品，而更多的是带来被误解的寂寥，寂寥里的欢笑，欢笑里的酸辛。

于是，我拒绝了邀请我去讲课的学校，并非常真诚地告诉他们：我需要沉潜，现在这一点东西太浅了，我还需要更深入地学习！我能做的就是感恩生活，感恩身边每一位给予我帮助的人！

经历了，走过了。慢慢地，我对教育有了更为深刻的理解。我们以行走的姿态漫步在教育的路上，有时候"若明若暗"，有时候"一时明白，一时糊涂"，有时候会豁然开朗，有时候会彷徨迷惘。不管怎么样，我们跌跌撞撞走过来，也不慌不忙地坚持着，这一路上的经历就意味着收获。

最好的风景，一直在脚下，没有止步，新的旅程已经延伸在脚下……

19 渗透：把握心脉，挖掘班级文化内涵

有人说："文化是一个民族最真实的性格，是一个民族骨子里流淌的血液。"班级文化则是一个班级的灵魂，一个班级的品牌，一个班级的磁场，潜移默化地影响着每一个学生的行为与思想，甚至是人生观、世界观的形成，最后产生终身的影响！

班级文化成功的标志是：这个班级的孩子在离开这个班级之后，他的骨子里依然流淌着在这个班级时构建的那种精神内涵。这才是真正的班级文化。

班级文化的重心应是育心，重在丰富和引领学生的精神，构建精神力。它的建立，不是仅靠班名班徽的制作，或是墙上写几个号召性的标语，或是几次环境布置，或是几次黑板报所能达到的。班主任要长期激发学生内在的驱动力，用文化熏陶浸染，形成真正的自我培育、自我教育，最后产生深远的影响。

因此，对"人文"的挖掘和深化，才是我们构建班级的重中之重！

教室是试验田：提供培植土壤

周国平说过："教育即生长，生长就是目的，在生长之外别无目的。"学生到学校来是来学会生活的。可是，有时候在现实面前，我们却是苍白无力的。素质教育就像一颗种子，一脱手便被撒在应试的冰冷土地上。

作为教师的我们，到底怎么办？——在应试的缝隙中开展素质教育。我们可以超越应试的实用性、功利性、残酷性，着眼于终身发展的素质教

育，教会学生学会适应，学会生活，学会超越。教育理想是培养有温度和高度的人，教室就是一块试验田，我们完全可以就在这块田地里进行培植和养育。

佛说，祛除邪念最好的方式，就是在心灵上种上善良的庄稼。而我们，在孩子的内心种植一种向上生长的愿望，不就是让孩子们"六根清净""走正途、务正业"吗？

如果孩子是一颗颗种子，我们就要为孩子创设一片适合生长的土壤，让孩子们在上面生根、发芽、生长、蓬勃。给孩子搭建一个个生长的平台，为孩子提供一片展示自我、发展特长的土壤，让他们在这片土壤上自然蓬勃地生长。我们要做的，是提供合适的"雨水养分"，激发学生的内驱力。相信，孩子们会还你无数奇迹！

班主任是引领者：引导精神理念

有人说：一个班级，班主任精神明亮，学生才能精神明亮。作为班主任，我们是建设一个让学生刻骨铭心地怀念的班级，还是建设一个让学生渴望匆匆逃离的班级？这取决于班主任所持的观点和理念。比如，我们不停地给一株仙人掌浇灌充满爱心的雨露，那将是错爱；将一株枫树栽在浩淼水边，那将是伤害。

给孩子们提供怎样的平台，是对一个班主任的理念的考验。每个孩子都是不同的个体，他们的成长背景、个性构成、心理状态、喜好差异、智商基础等，都不尽相同。所以，班级文化的深度，实际上反映的是一个班主任理念的厚度！

在我的春笋班里，我一直将"持之以恒，勇往直前"作为班级文化核心内涵！比如，在班级常规方面，作为班主任的我，每天都会和孩子一起恪守，要求学生做到的事情，我自己先做到。

在"谈生命"的话题作文活动中，我对学生说："生命是什么？我不敢说生命是什么，但我能真真切切地感受，那一个个咬紧牙关，牙龈都咬出血来，也要遥望黎明，盼望曙光到来的生命历程。"这就是对班级文化内涵的阐释，这就是潜移默化的影响。

用生命诠释内涵，用行动诠释责任，作为一名教师，要做真正的精神引领者。

班干部是"领跑者"：发挥辐射作用

干部是班级文化的"领跑者"。班干部在班级文化建设中起着重要作用。如果说班主任是班级文化的"根"，那么班干部就是班级文化的"叶"，两者缺一不可。

班干部好似一个班级的翅膀，是共同完成班级文化建设的核心，是班级文化建设的旗手。班主任要选择、培养好班干部，充分发挥这些"领跑者"的带头作用。他们一般积极性都很高，班主任要注意有目的、有计划地培养，让班干部真正为同学服务，让班干部首先吸收班级文化的内涵。

好的班干部群体，就是班级文化感召力、影响力的扩大器，班干部本身也是教育者，他们对其他同学的教育更为真切，更容易被接受。

当班干部总是能够一丝不苟、持之以恒地做好班级事务，并乐此不疲，他们已经把生命自觉吸收内化为自己的行动力，从而辐射引领着班级，成为班级文化的"领跑者"！

家长是"加油站"：形成教育合力

李镇西老师曾经说过：没有合格的家长，就没有完整的优质教育。所以，作为班主任，我们不仅要教育学生，还要影响家长，让家长成为我们班级文化深化的"加油站"，形成教育合力，千万不能割裂家长和老师的关系。

家长和老师要"合二为一"，共同为培养孩子而努力。要想和家长做朋友，让班级的文化得到家长的支持，首先得赢得家长的真心，要发自内心地欣赏他的孩子，欣赏每一个家长。因此，我们的家长会要评选"最懂孩子心母亲""最能干家长""最支持学校工作家长"等，并让孩子为自己的家长写颁奖词，将家长打造成明星，凸显家长的价值。我们还开展各类亲子活动，不仅密切亲子关系，还能形成教育合力。

为让家长真正参与我们的班级文化建设，我们开设"班级家长百家讲坛"，让不同的家长来给孩子介绍不同的人生经历，让家长为班会出谋划策，让家长参与班级文化的制定，让家长参与班级公约的制定，以及到家长的工作单位进行体验，等等。

因为有了家长的支持，班级文化的深化之火燃得更旺！

实践是落脚点：达到渗透深化

没有实践就没有真教育。眺望远方的风景，不如迈开脚下的步子。只有实践才能让孩子们体会到班级文化的价值和力量。班级和班集体是两个完全不同的概念，班级只是一个整体，而班集体是一个有内在凝聚力的，有共同目标和归属感的集体。一个善于落实班级文化的班主任是善于实践的班主任，他能让学生真正动起来，形成有活力的集体。

在实践班级文化内涵"持之以恒"上，我班开展了以下活动：

精神成长长征：每日一语演讲开火车；脑力成长长征：每天一问头脑风暴；体力耐力长征：每天早晨锻炼身体；文化传承长征：班级图书馆永不闭馆；社会实践长征：每学期举行一次集体社会服务活动；爱心传承长征：坚持每周为家长做事，和家长谈心，父母生日那天打电话送上祝福语！

这些活动都是举全班之力，动全员之精神！

班级文化的深化分为三重境界：

（1）停留在制度文化建设，环境布置，班名、班训、班徽的确立与制作上，这样的境界好比"登堂"。

（2）班主任的精神就是整个班级的风貌，这个境界达到"入室"。班主任把自己的知识、思想、情爱等融入了班级，使班级开始具有了个性化的生命特色。

（3）人即班，班即人。这是最高的境界，就像武功中的出神入化、登峰造极，班级呈现出来的是一种"气""场"。这个时候，班人合一，班主任把自己的整个生命都融入了班级，班级真正成了学生的学园、家园、乐园，教师、学生、班级形成了一个不可分割的统一整体。

如果老师走进班级，不疲惫，不烦躁，不机械，而是和孩子在一起享受生命中一段美好的时光，这样的老师，会成为学生心目中永远的明灯，这样的班级，会成为学生生命奠基的夯石、成长动力的源泉。

20 变通：巧妙施正反，大胆彰溢彩

作为班主任，你快乐吗？作为你的学生，他们快乐吗？随着社会的发展进步和人们意识的改变，许多班主任曾遇到这样的困惑：我明明是对学生严格要求，为什么学生非但不理解，还怨恨我，有的甚至联合家长上书到校长那儿去呢？是不是不管学生，他们就会喜欢我呢？非也。作为班主任，既要严格管理，又要融洽师生关系，这就需要一定的正反艺术了。

简单与复杂

韩老夫子曾说："师者，所以传道受业解惑也。"这句话要求我们当老师不能止于教学，更要注重教育。然而现实生活中，有些老师的班级表面上风平浪静，并且各项指标都名列前茅，但师生关系却异常冷漠。这样的老师只出色地完成了教学任务，却忽视了看似简单，实则复杂的教育任务。

比如：遇到一个学生迟到了，多简单的事呀！有的老师采取简单粗暴的方式——直接训斥一顿。刚一开始学生会循规蹈矩、言听计从，可没多久就故伎重演。于是，又是一顿严厉的批评。此时，学生敢怒不敢言，但久而久之学生就会产生逆反心理、顶撞甚至消极反抗。

我想，这个班主任因为忽略了这项工作的复杂性，教育方法过于简单化。所以，身为班主任，遇事千万别急着简单处理，多研究一下学生心理，用一些学生意想不到的方法处理，让学生"出乎意料"却又觉得在"情理之中"。如此一来，学生对错误的认识和反省才会深入骨髓。

综上所述：本来简单的事情被老师简单处理就变得复杂化，如果老师

能认真研究学生的心理与动机，把工作更细致化，原本复杂的事会向简单化发展。

直白与委婉

泰戈尔的《世界上最遥远的距离》的开头有这样一句："世界上最遥远的距离，不是生与死，而是，我就站在你面前，你却不知道我爱你。"

有些老师认为自己对学生爱得投入，爱得彻底，完全是"风来了，雨来了，我捧着一颗心来了，不带半根草去"的心态，觉得教育学生完全是为了他的将来着想，为什么学生还那么冥顽不化，甚至反其道而行之？

作为老师，我们不仅要爱，还要让学生明白你的爱，要坦率直白地表达你的爱。比如一个鼓励的眼神，一张欣慰的笑脸，一次亲昵的摸头，一句赞扬的话语，都是直白的表达。学生的心灵是最敏感的，老师是不是喜欢他，是不是讨厌他，他都能感受到。当他生病时，你比谁都难受；当他犯错时，你比谁都痛心；当他进步时，你比谁都高兴；当他苦恼时，你比谁都着急……有这样直白的爱，还怕学生感受不到？

苏霍姆林斯基说过："没有情感就没有教育，但情感的布施从来就不是无缘无故的，而更为注意的是方法和分寸。"所以，班主任工作中爱心表达要直白，纠正错误要委婉。

每个学生有各自的性格特点，我们要善于抓住他深处的薄弱环节，慢慢打开他思想的"缺口"，再采用委婉的语言，晓之以理、动之以情地指出他的错误，这样学生会更容易接受。比如学生打扮怪异，我们别急着说他这样很难看，而是从审美的角度和建议的角度说怎样穿更和谐、更漂亮，学生听了一定会"欣然规往"的。

委婉是一种智慧，再加上直白的爱作纽带，师生关系还能不融洽？

堵塞与疏通

古代传说中大禹父子俩治水的故事我们并不陌生，大禹的父亲采用的是堵漏补缺之"堵"的方法，而大禹采用的疏通河渠之"疏"的方法。

在班主任工作中，我们要处理好堵与疏的关系。只有疏没有堵，则水往这边流，也往那边流，难以奏效；只有堵没有疏，短期内也许有效，但无法从根本上解决问题，说不定哪一天又会洪水泛滥。

因此，在班级管理中，最好先通过民主的方式共同制定一套行之有效的班规，然后，有学生违反纪律就按规办事，按章执行。同时，班主任此时别忘了用疏通的方法。我们疏导学生要顺势引流，疏得畅通无阻，疏得深入透彻。最好向学生讲清楚以下问题：

1. 你犯了什么错？

2. 是什么原因导致你犯的错？

3. 如果不纠正对将来有什么影响？

4. 用哪些方法纠正这些错误？

这样，你的疏通与堵塞才会达到相得益彰的效果：你爱学生，关心他，他能感觉到你的严厉；你批评他，惩罚他，他也能感受到你的爱。

坚持与放弃

有的班主任对学生很严格，学生犯了一点点错，都不能容忍，不能原谅，轻则臭骂一顿，重则处分请家长。特别是转化"问题"学生，真希望能够一劳永逸，恨不得丑小鸭一下变成白天鹅，出现反复就唉声叹气，弄得学生都很讨厌他。班主任自己也很苦恼，我是为他好啊！其实，班主任出发点是好的，但没把握好哪些该坚持，哪些该放弃。

俗话说"冰冻三尺，非一日之寒"。"问题"学生的形成也非一朝一夕，所以转化也不是一次两次就能成功，而是一个长期的过程。因此，我们要有坚持改造他的耐心，放弃急功近利的浮躁之心。

同时，学生犯错，原则性的问题一定要严格，一般的枝节小事就要"宰相肚里能撑船"——宽容大度一些。学生的错误很多是成长过程的产物，是属于他这个年龄阶段需要经历的人生歧路，随着时光的流逝，他会明白自己当时的幼稚无知。作为班主任，要坚持高瞻远瞩，放弃鼠目寸光；坚持宽以待之，放弃苛刻为之；坚持一视同仁，放弃偏听偏信；坚持用放大镜看学生的优点，放弃用显微镜找学生的缺点。相信你的学生一定对你心存感激，既佩服你，又喜欢你。

所以，作为班主任，与学生如果能够相互理解、相互信任并能听到彼此的声音在彼此的内心深处碰撞、激荡、交融，即使每天的工作平凡而又烦琐，相信你和你的学生都是快乐的。

21 阅读：吃书，是人生的一大快事

我是一个教坛上的幸运儿，一走出师范的大门，任教的就是一群淳朴的乡村孩子，而且是学校最好的班。我靠自己的那点知识，居然顺利地让学生考得顶呱呱。现在想来，那时的我，根本不懂教育的艺术。

后来，我开始教高中，我以为仅仅是换了个学校而已，没什么难的。可是我错了，我高估了自己。我逐渐发现自己在课堂上的捉襟见肘。我那有限的"储存量"，逐渐让我狼狈不堪。课堂上，我看着学生眸子里的怀疑，再没有以前的从容和镇静。当我看到一个学生写的纸条——"老师，你就做了一个搬运工而已，我们干脆去买本资料书算了"，顿时，我仅有的一点骄傲，也彻底崩溃了。震惊、失望、痛苦、茫然……种种莫名的情绪排山倒海般地涌上心头。在残酷的现实面前，我忽然发觉，自己输得一塌糊涂。我终于明白，一个老师没有厚重的知识积淀，是无法得到学生的认可的。好的课堂应该是纵横千山万壑，跨越五湖四海的。

冷静之余，我重新审视自己。于是，我一头扎进了各种书籍里，很多是有关教学策略的书。然而，这些书并不能开拓我课堂的深度和广度。于是，我又走进了经典书籍的神秘世界，聆听了苏东坡等诗人的脚步，领略了鲁迅的呐喊。外国的、中国的、古代的、现代的作家作品，我都有意识地去阅读。

当我不断地汲取书籍里鲜活的知识后，我不再照本宣科，做课本的复述者，而是懂得在文本的方寸之间，让精神自由腾越。我发现，自己站在了一条崭新的起跑线上，因为，我的课堂已在逐渐朝着更深处漫溯。

然后，我开始专业阅读，语文名家的著作，我都一一买来阅读，是书

籍改变了我的教育思维，提升了我的教育思想。

品尝到阅读的甜头后，我又开始反思自己的班主任工作，我重新翻出了杜威、苏霍姆林斯基、陶行知、魏书生、李镇西老师的作品，还有各类班主任书籍。这些鲜活的榜样教会我如何去研究学生，反思自己的教育方式。后来，当我接手"问题"学生最多、难度最大的班级的时候，我发现自己能够胸有成竹了。

慢慢地，我不再满足于忙忙碌碌沉溺在日常教学的细节中，我懂得在教学之余带着思考去从事教育科研，做一个专业化成长的教师。

我又开始阅读叶圣陶、于漪、余映潮、王荣生、王君等语文名家的著作。

不仅如此，我已经和书籍结下了不解之缘。我不再只读教育教学书籍了，为人处世、服装美容、消遣休闲方面的书，我都看。每年，花钱最多的东西也变成了书。只要一到一座城市，我不会像以前一样沉溺在琳琅满目的商场，更多的是在书店里流连忘返。

慢慢地，我已经学会了整体式阅读，不再满足于单本书的阅读，而是主题式地大量阅读。

随着自己坚持写作，我越来越发现自己的浅薄，也发现了自己阅读的片面，我需要补充艰深书籍的阅读，学会站在一定高度看问题。经过一段时间的彷徨、挣扎后，我要蜕变、我要改进、我要生长的想法逐渐充斥我的大脑，我决定啃一些在旁人看来味同嚼蜡的书籍来提升自己。

刘慈欣说："我从来没有长大，但我从未停止过生长。"是的，我需要用第三只眼睛看世界，跳出教育看教育，寻找新的生长点，塑造更加完美的自我。

假期里，和我最亲密的伙伴也变成了书。一次，我没有带手机，拿着100元钱到超市买东西，可一走到街上，就看见一个书摊。顿时，它像磁铁一样吸引得我脚步无法动弹。最后，我用所有的钱换回来几本书。

到了家门口，我才想起，糟糕，我是到超市去买东西的啊，这可怎么办？我战战兢兢、蹑手蹑脚地进了房门，丈夫质问道："买的东西呢？"我只得汗津津地捧出几本书，偷偷地看丈夫的反应，丈夫苦笑道："看来你以后只有吃书了。"

对，吃书！吃书，那还真是人生的一大快事呢！

22 蜕变：说课、赛课、听课、评课、反思……

在我们猝不及防的时候，开学的脚步已经像夏季的雨点一般来得那么急促，来得那么骤然。回想五个一活动——"说课、赛课、听课、评课、反思"，仍然历历在目，恍若昨天。这次活动，让我的眼睛、手和心灵都得到了很好的滋养与成长，就像一粒粒种子，由干瘪到丰盈，虽是一个渐进的过程，但明显地听到生命拔节的声音。这次活动，我学到了什么？成长了什么？实现了什么蜕变呢？

说课：带着理念审视课堂

这一次，我懂得了用理念来支撑备课。在书写说课环节的时候，我们要带着理念来审视自己的课堂，带着思想来安排教学，要有高阶思维、顶层设计。我们不能让分数窒息了学生的激情和活力。学生到学校来是干什么的？是来享受生命成长的过程的，是来享受精神的远游的，我们不能把他们的生活只局限于书本，而应该让他们感受生命的诗意，让他们发现平凡的生活也有风景，"千江有水千江月，万里无云万里天"，即使普普通通的一片树叶，也能折射一方透亮的晴空和一番深刻的智慧。现在想想，以说课代备课，让我放弃了漫步的随意，迈起了理念的舞步，实现了由跪着看课堂到站着讲人生的转变。

赛课：成败都是一种成长

这一次，我懂得课堂绝不是单调的重复。走入赛课环节的时候，我深知，真正的公开课需要精心的设计，反复的推敲，细致的打磨。可那段时间，我一直处在难以言说的彻骨的疲惫中，完全不知道明天将遭遇怎样的惶恐和奔波，被迫无奈地接受了这个任务。但当我上完了课之后，我才发现自己该提高的东西太多了，备课时该注意的太多了，该查阅的资料太多了，该改进完善的地方太多了。我明白了，人最大的浪费就是重复自己，在烦琐中我们还是拿着那张旧船票，涛声依旧地登上客船！课堂是学生精神成长最重要的地方，那是学生生命中很重要的一段旅行，我有责任和使命让学生体会旖旎的风光。

听课：每堂课都是独特的风景

这一次，我欣赏到同事们各具特色的课堂。汪国真说：熟悉的地方没有风景，有的是熟悉的回忆。其实，熟悉的地方更有风景，而且，这边风景独好！扪心自问，听过所有老师的课吗？除了语文老师的全部听过，其他学科老师的则很少关注。但这一次，我们各个学科相聚在一起，像迎接一个盛大的节日，分享不同的风景。梅兰芳说过："不看别人的戏，就演不好自己的戏。"这一次，我体验到每一个老师都有自己独特的一面；我发现了不同学科优势互补的魅力；我看到了学生在不同课堂上的表现和反应；我学会了用老师们的长处，来弥补自己的缺漏。我贪婪地享受了一次精神的盛宴！

评课：品课就是品人生厚度

这一次，我真正懂得怎样完整地评课。好课如好文，顺课堂之肌理，能感老师之品格。我反复琢磨一堂课的每一个细节，我感觉自己不仅是在品课，更是在品文章，品生活的意境和人生的厚度！更让我欣喜的是，我懂得了怎样去完整地琢磨一堂课。在评课过程中，我潜移默化地学到了课堂的精髓："把课堂演绎成一篇文章，用文章表达出一种思想，将思想蕴涵于环节之中。"

反思：心中悟出始知深

这一次，我懂得在反思中成长，心中悟出始知深。反思的过程就是解剖自己、改造自己、提高自己的过程。这一次活动，让我静下心来进行自我梳理，自我对照：在宁静的夜晚，回看自己的教学录像，以一个旁观者的身份冷静地分析自己的课堂，分析自己的一举一动、一颦一笑、一丝一毫。干国祥老师说："一个人敢于把自己拿出来剖析，才有发展的可能。"这次反思，让我学会了用每一处的败笔来提醒自己，用每一处的精彩来激励自己。课堂是遗憾的艺术，正因为有了遗憾，才有超越的空间和趋于成熟的动力。我们应该带着思考摸索，更要带着缺点前行！

活动在紧锣密鼓中结束了，这是一场美好的旅行，更是一次生命的冶炼。感谢组织这次活动的领导和老师们，给我们带来了绚丽的阳光。我们还需要点亮一盏盏灯，去照亮平时的课堂，把平常课上出滋味，将平淡染出意境。当然，课堂更需要我们用一辈子的时间去建设，去完善！相信，只要精彩延续，就会有更美的奇迹！这就是一个老师在"说课、赛课、听课、评课、反思"中的蜕变！

第二辑

让爱走在教育的前面

——师生交往中的教育智慧

23 投入：请让我再看你一眼

　　自从春笋班毕业后，我总是固执地去缅怀那段如梦如幻的岁月。这次终于有机会到兼善本部去开会，那里有我春笋班的孩子，当思念像疯狂的野草一样恣意滋长的时候，我按捺不住内心的冲动：我要去看一看我的这群孩子们！

　　我仔细地挑选着每一份礼物，把每一份思念和希望都融进了礼物之中。

　　坐上校车才知道开会的地点不在兼善本部，临时换地点了。我不禁又怅惘起来……怎么办？糟糕，手机又没电了。我小心翼翼地问校车师傅："回去的时候，我们可以在兼善中学门口停一停吗？"还好，师傅很爽快地答应了，但是不能耽搁太久。

　　近了，近了，此时已经上晚自习了，外面的车正等着我呢！我依稀记得余杰在7班，好，就往7班门口走。可走到门口，有老师正在里面上课。我怯怯地敲敲教室门，开门的是一个中年男教师，我涨红了脸，吐出几个字："我想找余杰！"不知道是因为紧张，还是因为迫切想见到我的孩子们，居然说得支支吾吾。中年男教师上下打量了我一番，最后，他冷冷地说："不行，我要上课。""嘭"的一声关上了门。我不敢再敲，这样会让那个男教师反感的。

　　我只好在教室门外转悠。教室里灯火辉煌，外面夜色正浓，孩子们是很难发现我的。

　　"吴老师！"突然一声叫喊，充满了惊喜。我循声望去——程露！我心里澎湃着沸腾的血液，所有的记忆顿时在脑海里浮现轰鸣。不知道是什么样的魔力竟使我怔怔地站在那儿。一个女孩跑出来，另外几个孩子也跟着跑出来了。他们的热烈不亚于我的激动，我们居然全然没有注意到身边诧异的眼光。

我回过神来，意识到自己的失态，满怀歉意地跟上课的老师打了声招呼，示意孩子们回去，正在上自习呢！上课的老师很理解、很宽容地笑笑："没事，没事，去吧，去吧！"孩子们一窝蜂地簇拥过来，我仿佛浸泡在一片鲜花的海洋！无数次设想的见面的情景此刻竟然无声胜有声！我们站在空旷的走廊里，无声地任两行清泪缓缓流下！

一个孩子打破了宁静："老师，听说您要来，我们今天下午放学后，全部都集中在校门口等您呢！"我可以想象，我的春笋班的孩子们，在星星点点的路灯下，一个个翘首企盼着我的到来，那样的望眼欲穿，那样的心急如焚，还有那份没有看到我的影子时的失落和一个个陆续离开时的黯然……

自习下课铃声响起，春笋班其他的孩子也从各个班级簇拥过来："吴老师，想死我们了！"久违的拥抱，一如从前般温暖。孩子们嘘寒问暖，幸福的时光流转，我们仿佛又回到了从前。旁边的孩子们都艳羡地看着我们。"老师，他们都在夸您年轻呢！""老师，他们都很羡慕我们呢，说：你们的老师还记得来看你们，真是幸福！"……夸奖也罢，赞扬也好，都欣然全盘接纳，没有哪刻比此时更幸福！那是一种发自灵魂的芬芳，一种深入骨髓的甜蜜！

我真愿意永远浸泡在这样的美丽的幸福中，不愿意醒来！直到永远……

记得有这样一句歌词："投入地爱一次，忘了自己。"我自诩是一个投入的人，所以往往会为学生一句简单的话而潸然泪下。为什么会落泪？因为在乎。为什么会在乎？因为投入。因为对教育的投入，我们会真正把学生的需要放在第一位，使师生之间荡漾着柔和温润的芬芳。因为对教育的投入，我们会去感受学生的率真、可爱，用充满温情的心灵去交融稚嫩的心灵，与孩子一起成长，一同幸福！因为投入，所以感动；因为感动，所以幸福！

24 牵挂：没有班主任的日子

我突然生病了，医生说很严重，得住院。一切都那么突然。

当真正住进医院的时候，我一下子蒙了，家里人让我放下一切。对，平时太忙了，太累了，也趁此机会放下自己所有的东西！

以前，总放不下：马上要红歌比赛了，还没有给孩子们排练好呢！马上要半期考试了，还没有复习呢！王晨又没有完成作业，我还没来得及处理呢！年级组的半期考试还没有安排好呢！年级家长会的方案还没有拿出来呢！复查学籍的事情还没有布置呢！……

因为疾病来得太突然，我被 120 急救车从地方医院接到了县级医院，连衣物都没来得及带。儿子就趴在病床前做作业。家里人忙上忙下，红肿着眼睛，仔细地张罗着住院用的洗漱用品。

也罢也罢，正好放下一切，让自己安静安静，休息休息。

安静地住了一天，我忍住不在群里发任何信息，就让大家适应一下：没有小霞的日子，没有小霞唠叨的日子，没有小霞陪伴的日子，检验一下我们的管理效果吧！

第二天，科任老师来医院后，情不自禁地说："孩子们很想您！"我再也按捺不住，在群里发出了我这两天想得最多的话："孩子们，你们还好吗？"打下这句话的时候，我的眼睛顿时湿润了。"不知道这几天我的学生们怎么样了。我也想好好地养病，可是我的心还是时时刻刻在牵挂着大家！这两天，每天想的都是和大家的点点滴滴，丝丝缕缕。想你们自己搞的活动，想你们的每一次的创意，包括每次调皮的可爱与纯真！这几天我想了很多……有时候，我真不是一个好老师，为什么有时候我就不能对有的孩子宽容点呢？你们毕竟是孩子呀！哪有孩子不犯错的呢？可我转念又想，为什么我对自己的儿子比谁都严格？我明白了，原来，我一直都把大家当作自己的孩子看待的呀！"

打完这段话的时候，我的泪已经哗啦啦地往下流！

"我想告诉大家，我想你们，我思念你们，有时候批评大家，我现在都后悔了！我要是现在站在讲台上，你们犯再多的错，我都不生气，我都尽量和颜悦色。真的，这是我此时最真实的想法！"

群里顿时炸开了锅：

"吴老师，您好点没有？"

"老师您还好吗？"

"老师，我们都等您回来！"

"您自己把身体赶快养好吧！"

"老师，合唱你不要担心，有我们在呢！""对，有我们在呢！"平时能干的班干部心雨和忆佳说。

"也许，我的造化能让我闯过这一关，也许不能……"我的泪夺眶而出！

"老师，不要这么说嘛！"

"老师，明天我们合唱，我们会好好的！"

"老师加油！"

"老师，你要坚强，我们等您回来！"

看着这些暖心的文字，我抹了抹眼泪。是呀，我不能只顾着诉说自己的思念，诉说自己的忏悔呀！我总得给孩子们一点鼓励呀！

"但是，孩子们，不管我现在变成什么样子，请你们记住，学习是自己的，真正的自觉是不需要提醒的生命的自觉！我期盼看到，没有小霞的日子，你们一样精彩！"

"老师，我们争气，您也要争气！"

"老师，您现在恢复得怎么样了？"

"命运是争不过顽强的意志的！"有的孩子还发出有哲理的话安慰我。

"老师，不要说丧气话哟！"现在他们倒是老师，我是孩子了。

"没有，没有，老师也很想你们！我想的都是我们同呼吸、共命运的场景：一起出游，一起搞笑，一起办祝福生日会，一起锻炼，一起励志……"

"嗯嗯，我们要一起加油哟！"陈瑜说。

"老师，好好养病，明天合唱比赛我们会加油的！"

"老师，快点好哟，回来我请你吃糖！"伊莎说。

"明天我们拍很多照片给你看！"

"老师，我正在背歌词呢！"颖婷说。我的脑海豁然浮现出孩子那背歌词的憨态可掬的样子，那既吃力又认真的愁眉苦脸的样子！

"老师，等您病好了，赶快回来骂我！"淘气可爱的有涛说，这个孩子没少被我骂。亲爱的孩子，回来后，我不想再骂你了。

"你要真想你的孩子们，唯一的办法就是好好配合，好好养病。你那么忙、那么多事情，那么多学生等着你，你以为生病就躲得过这些事情吗？没有下次哟！没有我们的同意，不准生病哟，我们家长是不会同意的哟！"一位家长故意娇嗔着说。

"最让老师放心和欣慰的是，孩子们现在学习好，身体好，在老师不在的日子里，一切如常。明天活动的成功，就是送给老师最好的礼物哟！所以我建议同学们在安排好自己的学习的同时，争取在老师回来前给老师一个最大的礼物，那就是：做得比老师在还要好！"又有一位家长发言了。

"谢谢我的家长、孩子们！你们太让我感动了，有你们在，我感到很温暖！"

"老师，要不要我们把捷报一起带来？"

"那当然呀！唱歌的时候，大家想想病房里还有一个小霞在默默为大家默默祈祷哟！"

25 创意：电话里的浓情蜜意

班上肖肖出了车祸，我们原本商量着一起去看看，肖肖爸爸说："孩子额头上有很长的伤疤，他觉得在同学们面前，有些难为情。"青春期的孩子，总是想在同学面前保持着美好的形象。既然如此，那么干脆来个电话传情。

选手机
——老年机声音最大

下午，我提前和同学们商量："今天晚上，我们一起给肖肖打个电话。"

"老师，我要给肖肖打。"有同学嚷嚷。

"老师，我也要打。"大家抢着说。

"干脆，我们拿一个电话声音大的，开免提，我们都可以听。""蓝灏铭的老年机，简直声震天地，气冲斗牛。"大家七嘴八舌议论开来。

"老师，你用你的手机照相啊。"快言快语的春雷提议道。

"我来照相！"大家又争先恐后抢着照，最后，大家推选出班上最会拍照的心怡来照。

齐 喊
——我们都想你

大家又开始预想："老师，先要给肖肖一个惊喜，让他感受到我们的想念。"有同学提议道。

拨通电话，灏铭把手机递过来，按了免提键，对面只传来一声："喂。"

我的心跳到嗓子眼。"你是肖肖，还是肖肖妈妈？"我太激动，声音都在颤抖。

"老师，我是肖肖。"一个稚嫩的声音响起。

"哦哦哦。"我恍然大悟，身边的同学早已屏住呼吸。

"肖肖，身体好些了吗？"

"好些了。"

"那就好。肖肖，你仔细听听，同学们会跟你说些什么。"我用手轻轻一扬，示意孩子们开始。

顿时，教室里异口同声："肖肖，我们想你！"声音响彻云天。

"你听到了吗？"我问。

"没有听清楚。"肖肖在对面遗憾地说。

"那我们再吼三声。"我提议道。

"肖肖，我们想你！肖肖，我们想你！肖肖，我们想你！"声音一声高过一声，一浪高过一浪。

"老师，我听到了，听到了。"孩子声音里满是惊喜和兴奋，"我也想你们！"

抢手机
——老师，我要说

"下面，谁愿意主动跟肖肖说话？"我提议。

"老师，我要说。"灏铭首先抢到手机，"肖肖，你好些了吗？在家里好不好玩？"一个大大咧咧的男孩变得柔情似水起来。旁边的同学屏住呼吸。

"老师，我要说。"红旗抢到手机，旁边的同学都一窝蜂地簇拥过去。

"肖肖，猜猜我是谁？哈哈，我是和你一个姓的哟！"孩子眯缝着眼睛说道，"你身体怎么样了？我们等着你回来管理小组作业呢！"顿时，全班哄堂大笑。

"肖肖，猜猜我是谁？"

"猜不到。"

"那我先给你讲个故事。从前有一头牛，这头牛总是在中午的时候，找他的伙伴。"刘中微眯着眼睛，完全沉浸在故事中，"有一天天空突然下起了雨，那头牛没有找到自己的伙伴，很伤心。肖肖，现在你知道我是谁了吧？"

"知道了，我的好哥们儿，刘同学。"电话那端，声调在慢慢变低。

"既然你知道了，那我不卖关子了，早点回来吧！"一个大男孩居然开始撒娇起来。

"肖肖你快回来管理我们的精英队吧，你不在的时间里，我累得都快退休了。"苏林抢到手机开始嚷嚷。

"肖肖，你想和方浩说话吗？"我问。

"不想。"教室里又是一阵哄堂大笑，整个上空氤氲着温暖的芬芳。

手机还在传递着，每一个同学拿到手机，其他同学都簇拥过去，仿佛簇拥成一团火炉在温暖着肖肖，也温暖班级的每一个人……

改歌词
——我爱你，肖肖

"说那么久了，影响肖肖身体了，肖肖要休息了。"体贴的福润说。

"那，我们唱首歌给肖肖听吧！"音乐委员说。

"我们唱《我爱你，中国》，咱们改改。"

"好嘞！"

大家不约而同，改编了歌词，没有预约，只有默契："我爱你，肖肖！我爱你，肖肖！我爱你，肖肖！……"旋律是《我爱你，中国》的，歌词只有一句。大家的心都罩在浓浓的温暖中，沉醉着，不愿意醒来。

歌声还在飞扬着，在电话的那端，一个孩子拿着话筒已经发出了低低的啜泣声，我们都明白，那是感动的哭声，想念的回响，温暖的升华！

26 慧爱：哇，惊喜又来一波

教育无小事，每一个细节都渗透着我们的教育智慧和教育艺术。就拿班上孩子喜欢给老师带小礼物这件事来说吧。

发朋友圈表达惊喜

上课前，我打开办公包，怎么突然多了一个红彤彤的苹果，在里面半掩着，咧着嘴，冲着我笑呢？我一阵纳闷：谁给我的？

我抬头看着班上的学生，这个苹果像极了班上孩子的脸庞，纯净的红，红得灼我的眼，暖我的心。

"咦，我包里怎么突然有个苹果？"我故意问道，心里琢磨着多半是班上孩子放的。

"老师，是红旗。"孩子们指着一个胖胖的男孩。这孩子，前段时间我还一直担心他有交往障碍。我找他谈了几次心，教给他与同学相处的方法。嘿，这孩子竟用到老师身上了呢！

"老师，我怕您口渴，给您放了一个苹果。"红旗红着脸不好意思起来。

"谁说我们的同学情商低，你看我们的红旗，又懂得体贴人，又懂得给我们快乐，情商杠杠的呢！"我啧啧称赞起来。

为了鼓励孩子，我拍了照发了个朋友圈，身边的朋友纷纷点赞：

"每天都有惊喜。""最甜的果果。""一个偷偷爱你的孩子。"

然后，我再把这些留言分享给红旗，孩子看着我手机上的微信留言，不好意思地抿嘴笑着，脸又红了，像极了红红的苹果……

细心呵护孩子的心

都说能量可以相互传递。果不其然，第二天早上，班上中霖兴冲冲地到我家里来，他兴奋地拿出一个苹果，说："老师，给您一个苹果。"看着孩子额上还沾着露水，我心里一阵暖意。

"谢谢中霖，这苹果我不能吃，你看你一大早就给我带来快乐，我已经很高兴了，这个苹果还是留着你自己吃吧。"我委婉地拒绝。

孩子把手缩了回去，有些怏怏不乐。看来这苹果还不能不接，孩子给我的是一份心意，他那么诚挚地把心意送给我，我却不接受，这不是变相地伤害一个孩子的心吗？

于是，我连忙说："好好，我吃你给的苹果。"刚一说完，孩子连忙把苹果递过来。

"我待会儿就吃。"我笑着说。孩子心情瞬间雀跃，一蹦一跳地和我一起来到教室里。看来，我们还不能轻易拒绝孩子的好意呢。

下晚自习的时候，班上雷振捧出一个法式小面包："老师，您饿了吧，我给你一个小面包。"看着孩子稚嫩的脸和那带着温度的面包，整个冬天都变得热乎起来。

我想，孩子也挺累的，上完晚自习，也该加加餐了。于是，我轻轻拍拍雷振的肩，说："老师不饿，我们雷振上了晚自习，那才叫辛苦，那才饿呢！你自己留着吃，好吗？不然，老师会心疼雷振的。"这次我注意到，拒绝孩子的时候一定要细心地呵护孩子的心灵。

"老师，你真的不饿？"孩子歪着头问我。

"嗯，真的不饿。"我抬起头，做出肚子很饱的样子。孩子这才放心地把手缩回去。

每一个教育细节，我们都要细心地呵护好孩子的心灵。

向家长表扬孩子

后来，我想，孩子的优秀应该分享给孩子的父母，让爸爸妈妈也高兴高兴，从而鼓励孩子们把美好持续发扬光大。

我给红旗妈妈发了微信："知道吗，你们家孩子多么优秀，懂得体贴别人，真是个用心用情的好孩子。"

"谢谢吴老师，很感谢你让他改变了很多。"家长回复道，言语里透着欢喜。

我又给中霖的妈妈发了微信："今天幺儿专门来接我上班，还带了个苹果，我说我不要，他就不高兴了。我接了，他兴高采烈起来，您看您儿子好可爱啊。"

我给雷振爸爸发了短信："今天你们家幺儿拿着一个法式小面包要给我，我舍不得吃，想到孩子晚自习饿了，便让他自己留着吃。这都是父母教育得好的结果啊。"

"还是老师最懂他的心。"孩子爸爸回复道，隔着屏幕也能感受到孩子爸爸的高兴。

当我把这些喜讯带给家长的时候，家长也会告诉孩子，孩子会受到鼓励，悄然间，孩子又在发生着变化。

不会交往的红旗已经能大大和同学友好相处了，不接苹果就不高兴的中霖在学习上状态越来越好了，语文不好的雷振现在已经懂得如何把班级规则制定得更有语文味了。这些，都是悄然无声中发生的变化。

我以为，他们给我的仅仅是一个个小小的惊喜，可是，慢慢地，这些小惊喜却换来了孩子的大变化。我想，这就是智慧的爱吧。

27 有趣：微生活小乐趣

　　生活，是一本镶了边的精美的画册，每翻一页，就是走完了一段路程。历程如画，画中自然有明快的色彩，也有晦暗的色彩，这一路上，是枯燥单调还是妙趣横生，取决于您对生活的关心程度。

一

　　今天外面突然温度骤降，教室里依然开着空调吹冷风，我冷得瑟瑟发抖，可孩子们依然精神抖擞。我鼓足勇气，试探着问："同学们，我们要不要把空调关了？教室里这么冷！"

　　"哎呀，你看我这热得……"一孩子故意用左手拉着似乎粘了汗的衣服，右手不停地做扇风状，还用力地皱着眉跺着脚。我心里已经明白：这群小屁孩又在故意和我"淘气"。

　　"不，"另外一个孩子也故意摆摆手，正襟危坐，斩钉截铁地说，"我们等着你去把羽绒服穿来。"我知道孩子们是和我习惯了开玩笑，但我这一听，还是傻眼了。既然孩子们愿意把空调开那么冷，那我就将就他们。于是，我故意委屈地说："好吧，那我出去喝点水，温暖下冰冷的身体。"

　　等我喝完热水，推开教室门，全班同学正睁大眼睛等待我回来，一个个满脸坏笑，异口同声地说："哇，好温暖啊！"

　　瞬间，我被孩子们的玩笑给融化了。原来享受乐趣很简单，只要你善于去发现。

二

课堂上，我问孩子们："同学们，《朝花夕拾》中的《范爱农》这篇文章翻到了吗？"

"老师，我的书上没有。"一学生左翻右翻就是没有找到。

"没有？怎么可能！"我有些纳闷。

"老师，他的书是盗版的。"一个女同学故意大声嚷嚷。

"我看……书倒未必是盗版的，他这个人可能是盗版的。"我故意挤眉弄眼地说着，顿时全班一阵哄堂大笑。

一次小小的幽默就让教室里充满生机。原来享受乐趣很简单，只要你愿意去感受。

三

保送考试后，年级新分班级，班主任让孩子们每个做了一张名片，便于老师们快速地认识孩子。

课堂上，一个胖胖的男生，正在走神。我走过去，想给他一个温馨提醒，于是，我温声细语地问："你叫什么名字？"孩子一听，似乎恍然大悟，急忙在书桌的抽屉里使劲拉扯。

我丈二和尚摸不着头脑，以为孩子没有听清，就放大了音量继续问："你叫什么名字？"

"老师，马上马上。"孩子继续拉扯书桌里的东西，一丝不苟地找着。

"马上？叫马上？你到底叫什么名字？"我有些不耐烦，提高声调，大声地问。

此时，孩子却如释重负地从书桌里掏出了一张手制名片，一本正经地说："这里，这里，老师，我就叫这个名字！"瞬间把全班逗乐了。

一个小小的误会都充满乐趣。原来享受乐趣很简单，只要你善于去品味。

四

晚上，我让孩子到我家里去，把家里的一束鲜花带到教室里来。我把钥匙拿给孩子的时候，戏谑地说："你看，吴老师在你们面前没有秘密，除了银行卡密码还没有告诉大家，你们什么都知道。"全班顿时哄堂大笑。

第二天一大早，曹昆一脸神秘地问我："老师，你发现你们家丢什么东西没有？"我一脸懵懂。

"老师，他在你家里喝了四罐王老吉，两杯牛奶。"曹昆指着祥辉扮着鬼脸说。

"不是不是，我喝了三罐王老吉。"祥辉满脸涨得通红，马上指着俊男，"他也喝了的，还吃了你的牛皮糖和牛肉干，大半包呢！"他一边说一边夸张地比画着。

俊男再也忍不住了，说："曹昆还拿着你们家里的锅铲，想做个炒鸡蛋呢！"全班又是一阵狂笑。

此时，我已经惊讶得嘴巴张成一个"O"，闭都闭不拢。

"老师，我们还准备看了电视再走呢。"

"老师，是我提议留下来看电视的，我还拿了一盒牛奶再走的呢。"弘韬非常自豪地说。全班同学更是笑得花枝乱颤。

我故意冷冷地听着，装出一本正经的样子："看来，吴老师和你们除了老公和儿子不是公用的，其他都是公用的。"全班更是笑得前俯后仰。

"下次我不敢把钥匙给你了。"我指着祥辉故意战战兢兢地说。

"那给我吧！"一个孩子马上抢过话去，大声说道。整个教室里又是一阵哈哈大笑。

在融洽的师生关系中，我找到了乐趣！原来享受乐趣很简单，只要你细心去呵护。

如果说教育生活是一部钢琴，那么，愿我们把点点滴滴化作跳跃的音符，把丝丝缕缕变成美丽的旋律。作为教育者的我们，只要用心去发现，懂得去感受，善于去品味，细心去呵护，就会弹出真正想要的快乐幸福的乐章！

28 拥抱：铭记我们的每一次相拥

今夜，小雨淅淅沥沥的，轻轻敲打着窗棂，似拨动琴弦，低吟浅唱，又似低声诉说，情深意长……

我伫立窗前，翻看春笋班过往的照片，眼角禁不住湿润起来……这段岁月，不长也不短，不好也不坏，可这段似水流年啊，这段如火青春啊，稍纵即逝，却又驻成永恒！

回想起我们的每一次拥抱，都应该被珍藏；每一段经历，都是美好回忆！看着孩子们那一张张灿烂的笑脸，回想起我们一起经历的每一次挫折、流过的每一滴眼泪，我的心在颤抖。为什么我的眼里常含泪水？因为我对他们爱得深沉！我是把我的喜乐与忧伤、惊喜与惆怅，都融进了这个班级的每一滴血液，融进了这个班的每一个孩子。

我敢拍着胸脯，毫不谦虚地这样说。

也许，拥抱对于我们中国人来说，显得奔放而不好意思。然而在春笋班，家长、孩子、老师却用拥抱表达着我们没有隔阂，彼此心灵相通。只是很遗憾，我没能把这些镜头拍成相片。只能让这些镜头，永驻心间！

记得感恩会上，我和孩子们拥抱在一起，一声声"吴老师，我爱您"让我的眼泪像决堤的河，肆意泛滥……家长们如潮水般涌过来，一句句"吴老师，您辛苦了"，我和他们已经没有了性别的差异，没有了年龄的阻隔，只知道，我们的情谊彼此相通。

班上李妹妹的妈妈过世了，这对任何一个人来说，都是晴天霹雳。孩子在知道了这个消息后，所做的第一件事情就是紧紧地拥抱着我，大哭了一场。我抚摸着她，任何安慰都显得苍白，默默地陪伴，紧紧地拥抱。不语，心明；不说，心懂——无声的语言胜过所有的表达。此时，所有的世界就剩下这个温情的拥抱。

新同学惠琼来了，第一时间，我热情地伸开我的双臂，深情地拥抱了她，轻轻地说："欢迎你到我们班级！"没想到，这样一个小小的举动，孩子居然能记得那么深刻！

在图书管理费上，我们对王妹妹有一些误会。我们专门给她开了一次隆重的道歉会，每一个同学走上去，自然而又真诚地拥抱了她一下，一切前嫌尽消，灰飞烟灭！

后来，保送考试后，我们分班了。孩子们开了一次班会，最后一个环节，他们大胆地提出："老师，能不能让我们再拥抱你一次？"我答应了，每个孩子在我眼里都是天使，为什么不呢？

他们甚至有更大胆的想法——四个大男孩想把我举起来。现在想想，当时就应该让他们把我举起来，不然就不会成为一个永远的遗憾。

周五，我到北碚开教研会，正好是在春笋班孩子升入高中的学校开会。我迫不及待地跑去看望这一群孩子们。他们见到我的第一时间，给了我一个大大的拥抱："吴老师，想死我们了！"久违的拥抱，还是那样的温暖！

很多人以为，拥抱只适合恋人之间、亲人之间表达浓情蜜意。可是，在春笋班里，拥抱已成为我们那一段温情的岁月的代名词。拥抱已成为我们班真情传递的象征。就这么简单！

我相信：一个在温情里浸泡熏陶过的人，必定是温顺、善良的，对生活会有更多的热爱与柔情，他也更能给予世界温暖与关爱。这就是拥抱的意义！

孩子们，将拥抱进行到底吧！人生有了拥抱，倍感温暖；人生因为拥抱，更加美丽！

29 关注：欠下的不仅仅是拥抱

初三分流开始了，愿意读职高的同学，就要在这个深冬的早晨离开了，可我总觉得还需要给孩子们些什么。

三年了，朝夕相处每一天，孩子们就要离开，我却变得不知所措，怅然若失起来。

教室的黑板上赫然写着："愿你安好，便是晴天"。我提前布置给班上的孩子们，写上了这几个字。是呀，安好，就是人生最美丽的祝福，

"送别仪式"一板一眼地进行着，一如从前那么按部就班：送祝福、送礼物……该我这个老班上场了，我缓缓走上讲台，微笑着，轻轻说："我今天，想要拥抱我们要离开的每一个孩子。"教室里沸腾了，唏嘘声、尖叫声不绝于耳。

每一个孩子走上前来，亲昵地和我拥抱着，我在孩子的耳边呢喃着说了一些祝福的语言，一切都显得那么自然而轻松。

突然，我有些愕然，好像不对，怎么少了一个孩子？我心里纳闷，嘴里嘟囔着："是不是哪个孩子没有上来？"

"老师，代亮没有上去。"

"哦！"我恍然大悟。

"代亮，你上来好吗？"我轻轻叫着。

这个皮肤黑黑的、眼睛亮亮的小男孩，在班上成绩最差，每天沉默地坐在位置上，不声不语。偶尔因为上课睡觉、不完成作业被科任老师叫到办公室的时候，他也总是侧着身子，不敢正面朝向老师。想到这些，我心里有些黯然。

孩子扭扭捏捏终于走上来，可当我张开双臂，想抱着他的时候，他居然退后几步，我心里咯噔一下，一种不可名状的酸楚涌上心头：虽然我从没有批评过他的学习成绩，虽然我也找到了他的亮点，虽然我也经常表扬他，可是，三年了，我居然从来没有拥抱过这个黑黑的却眼睛亮亮的男孩，这个需要自信、需要关心的男孩，从来没有。

我的内心满是愧疚、伤感：我没有做好一个老师该做好的——关注更多地需要关爱的孩子。

我尴尬地笑笑，班上孩子们的笑容也凝固了。此时，我没有强求，而是自我解嘲道："我又不是大灰狼。"

"老师，在他眼里，你是大白狼，他是小黑羊。"快嘴的张红大声嚷道。顿时，教室里哈哈大笑起来。此时我的内心更是难受。一个需要班上老师、同学温暖的孩子呀，却被忽略内心的感受。

我急中生智，说："孩子们，你们忘记没有，我们班级大家画的'班级吉祥物'就是一只狼和一只羊啊。可是狼却爱上羊。狼爱上羊，爱得疯狂。"大家已经开始哼唱着《狼爱上羊》。

我拍拍孩子的肩膀，示意孩子坐回自己的位置。可我的内心却久久不能平静。

下课铃声响起，接送孩子到职高去的时间已经到了。我真想时间此刻就凝固下来，因为我还欠孩子一个拥抱呢！

上车的催促声已经响起，每个班上职高的同学已经在教室外的走廊上排好队，准备下楼上车……

糟糕，上次代亮上课玩手机，手机被没收后，还放在我这儿。我拍了下脑门，大声叫道："代亮，你手机还存在我这儿呢！我马上去寝室拿！"

说完，我一路狂奔，急速上楼，迅速开门，翻箱倒柜，终于找到了那个沉睡许久的手机。我抓着手机狂奔，已然顾不上自己的形象，赶快，赶快，车就要开了。

等我跟跟跄跄、气喘吁吁、上气不接下气跑上楼，悠长的走廊已经空空如也——孩子已经到楼下乘车去了。

正当我沮丧的时候，突然，不远处一个穿着黑色衣服的少年正往回狂奔，是代亮！近了，近了！

孩子望见了我，露出了可爱的大白牙，嘿嘿地笑着："老师，我来了！"我欣喜若狂，抿嘴一笑，突然忆起什么，笑着说："我们还欠着一个拥抱呢！"

此时，孩子居然毫不犹豫，张开双臂，全然没有教室里的矜持和害羞。这个小男孩，三年里已经长成了一个大男孩，长高了足足一个人头。

我慢慢走上前，一组组和孩子相处的画面在脑海中不断回放……孩子很自然地抱着我，站在我面前的男孩俨然一个大人一般，在我耳边说："老师，谢谢你。谢谢你三年里对我的照顾。"顿时，我的眼泪无法抑制地流了下来。谁说这个孩子笨，谁说这个孩子情商低，谁说他不好意思！他，需要的仅仅是更多的关爱，更多的关注，更多的机会，更多的舞台。对孩子触动最大的，就是爱啊！

平时，我们总是以忙为借口而忽略了需要爱、需要关心的孩子。其实，教育就是细节里的成全。在日常生活中多关注孩子，多感知他们的需要，多给孩子人性的关怀、情感的温暖，这才是教育的真谛！

30　惊喜：一场不可预约的感动

　　教师节，不外乎就是表彰、学生送礼物等事情，可是那一年的教师节，却让我们感动连连，刻骨铭心。作为一名教师，在教师节这一天，我居然收到了自己孩子的特殊礼物。

　　这场没有预约的惊喜，是我们那用心的校长设计的——悄悄到教师的子女所在的学校，让他们给自己的父母录一段视频，并且孩子无论大小，居然能和校长一起保密，直到教师节这一天举行庆祝大会的时候才把谜底揭晓。

　　当教师的孩子一一出现在视频中的时候，所有的老师都惊呆了，惊讶、震惊、感动！我们无法想象，学校领导居然那么用心地找到教职工的孩子的学校录视频，这份心是何等珍贵呀！无法言表的感动油然而生。

　　屏幕上，一对双胞胎女儿正准备说话，可欲语泪先流，竟无语凝噎，整个会场陷入了一片寂静之中。也许因为妈妈平时太忙，没有时间陪伴，孩子有些失落。看着同事的孩子的视频，想想自己的孩子，我的心不由得揪了起来。

　　紧接着，采访另一个女孩，孩子没有说话，只是无声地流泪，此时无声胜有声，整个会场陷入了深深的思考之中。片刻的沉寂之后，是一片热烈的掌声。这掌声是送给孩子的，也是送给每一位教师的。

　　突然，视频里出现了我的儿子。我揉了揉眼睛，是我的孩子吗？再定睛一看，对，是我的儿子！狂喜，兴奋，惊呆，纳闷……所有的情愫一股脑儿涌上心头：这段视频孩子什么时候拍的？怎么孩子没有告诉我？他怎么那么会说话？看着熟悉的儿子，我的心柔软得如云朵一般。儿子在视频里有些紧张："亲爱的妈妈，祝你教师节快乐！"儿子局促着，继而说："不不，重新拍！"惹得现场同事哄堂大笑。我抿着嘴继续仔细欣赏着我的儿子。"妈妈，今天是教师节。你因为担任了年，不不，班主任，很辛苦！"我为儿子的应变能力默默赞叹着，看着视频里的儿子，内疚顿时涌上心头，我花了多少时间陪伴我的儿子呢？我的心一阵酸楚。儿子继续在视频里说着："妈妈，我是老师的孩子，我知道你陪伴学生的时间比陪伴我要多。我是男子汉，不要担心我，我会照顾好自己的！"刹那间，我的泪如决堤的河水从眼眶里涌出。是的，孩子，妈妈对不起你，妈妈陪伴学生的时间比陪伴你多，妈妈对你有愧呀。我无法抑制自己的感情，也顾不上大家的眼光，任凭眼泪肆意横流……"我会照顾好自己的"这句话一遍又一遍在我的脑海里回放，让我为儿子愧疚，也为儿子自豪！孩子还在说着："妈妈，我爱你！"顿时，整个会场掌声雷动。我的泪无法抑制地往外流，百感交集也罢，良多感慨也好，都无法表达我此时的心情。

其他同事的孩子的视频继续放着，整个会场是一片温暖的啜泣声。

这个教师节的礼物有意思，更有意义，感谢我的领导在这个教师节送给我如此珍贵的礼物——自己孩子的祝福！我的身份不仅是教师，也是一个普通的母亲！这样的礼物，弥足珍贵！

31 节制：班级流行吃糖风

　　有段时间，让我这个做班主任的头疼的是，班上有的同学喜欢在教室里吃糖，而且屡禁不止。后来我转念一想，既然如此，与其禁止，不如顺势而为。

　　于是，我和孩子们商量："同学们，从今天开始，我不反对大家吃糖了。干脆，喜欢在教室里吃糖的同学，我们让他把这份快乐带给全班同学——请大家吃。同意的举手！"

　　"老师，真的吗？"孩子们有些不相信，继而一阵欢呼，"刷刷刷"，举手的一大片。

　　这之后，只要有人吃零食，就让他买糖，全班一起吃，整个教室里，请客的请得欢天喜地，吃糖的吃得喜气洋洋。

　　后来，大家不再满足于用糖来请客了。有同学提议："老师，以后我们班上不遵守纪律的，就买糖，买来的糖奖励给认真的同学。"

　　此金点子一出，全班又是欢呼雀跃，大家拍手叫好。

　　于是，班上作业优秀的，发言积极的，听写满分的，做好人好事的，全部都奖励发糖。然后再"咔嚓"一声，照个相。整个教室里充满着快乐的空气。平时违反纪律的同学，买糖能将功补过，觉得这个惩罚真是简单又好玩，买糖买得心花怒放。

　　平时得奖励多的同学，还把糖分享给自己的爸爸妈妈吃，吃得爸爸妈妈们也笑靥如花，这可是自家孩子的胜利果实啊。有的分享给自己的朋友，朋友也是吃得喜笑颜开，仿佛吃的就是真挚的友谊。如此一来，全班上下一片和谐。

　　可是，好景不长。一天，班上的中霖同学正喜滋滋地享受自己的奖品——大白兔奶糖。"哎哟。"突然，孩子捂着嘴巴大叫一声。

"怎么啦？"其他同学惊愕。原来自己的大白牙活生生被大白兔糖"吃掉"了。

不久，班上的家长反映："老师，以后不要发糖了。"我张大嘴巴。

家长哭丧着脸："我们家的 LY，哎呀，天天从口袋里摸出一大捧糖，我怕她长胖啊！你叫她不要吃了，吐出来，她不但不吐出来，还吃得更加起劲。"我极力掩饰住自己的忍俊不禁。

"既然都吃糖，那就吃吧。"我用"狡黠"的眼光看着 LY，"可是，你知道吗，这样长期吃，女生就不用减肥了，直接增肥。"我故意说着反话。

正说着，班上的"发糖委员会会长"沉甸甸地提来一大口袋糖，试探地问："老师，这糖怎么处理？"我伸过头去——天呢，塞得满满的一口袋糖呢！我哭笑不得。

为了发糖，我们还专门组织了各种庆祝仪式。比如，快到元旦了，我们来个"新年庆祝仪式"，每人发糖庆祝。

可是这糖还是没有发完啊，"发糖委员会会长"提议，只要表现好，我们就发糖。我也干脆落个轻松："你觉得表现好的，只要有依据，就发糖吧！"

可是，不久之后"发糖委员会会长"开始哭鼻子了："老师，不能再发糖了，我都受不了了。天天发糖，发得我想吐了。呜呜呜，老师，我们换种方式吧。"一个大男孩哭得梨花带雨一般。

其他同学跟着捶胸顿足："老师，不要再发糖了，吃得我都想吐了，换种方式吧！"此时，我故意不动声色，轻描淡写地说："所以，任何事情都要掌握度，不然一旦失控，后果不堪设想。现在我们再回头看，大家天天在教室里吃糖，没有节制，后来天天发糖，也没有节制，都是度没有掌握好惹的祸吧？"孩子们不语，默默地低着头，沉思着……

后来，大家就吃糖事件，在班会上开始讨论：从吃糖太多的危害，谈到吃糖的地点，再谈到奖励的多样性，以及做什么都要注意度的把握。这件事产生的教育意义已经不再局限于吃糖了，孩子们懂得去思考更多更深刻的事件背后的意义了。

从此，教室里不再盛行吃糖了……

32 示范：老师，你又要被扣分了

为了规范班级管理，我们进行了各种量化考核：根据平时的作业、上课各种常规，进行加减分。最后进行奖励和惩罚。

一天，班级一孩子提出："老师，你不是说你和我们是一体的嘛，那我们一起考核。"对啊，既然师生平等，不如趁此机会，用这种方式督促自己，对我来说，也是一种进步和成长啊！我欣然答应："没问题，和大家一样要求。"全班一听，顿时掌声雷动。

考核开始了，我丝毫不敢马虎，要求孩子们早到，我也要早到；要求孩子们写日记，我也要写日记；要求孩子们静心，我也要静心。

一天，我刻意很早就到了教室。教室里孩子们一个都没有到呢，嘿嘿，正好，我可以早点在教室里看书做事，让孩子们看看我这个好榜样。

我们班有个习惯，早到的同学直接在黑板上写上自己的名字，前十名可以加分。这样做的目的是鼓励大家都能抓紧时间，提高效率。

于是，我拿着粉笔，龙飞凤舞在黑板上一挥而就："吴小霞早到。"我心里不禁阵阵狂喜，仿佛看到孩子们看见我那么早到艳羡的眼神，还有那自觉安静的样子。

我正襟危坐，在教室里安静地看书。孩子们进来了，看见了我，吐吐舌头，继而在黑板上写上自己的名字。

我静静地看着书，当老师要有老师的范儿，既然要给孩子们做榜样，那就要心无旁骛。随着孩子们人数的增多，我走上讲台，一看黑板，傻眼了：天哪，黑板上早到的名单，我的名字孤零零地独占一列，同学们的名字长长地整齐地排成一列。

顿时，我明白了，孩子们的眼里，老师还是老师。为什么会这样？在师生关系上，起主动作用的是老师，老师愿意蹲下身子对待孩子，真正地感同身受地去体贴、体谅他们的内心，并且能够让孩子们真正感受得到，那才是真正的师生平等融洽。

于是，我急中生智，指着黑板上的名字，撅着嘴，故意自嘲："我好委屈，你们看我第一个到，最后你们却把我忘掉了。"孩子们看着黑板上的一串名字，顿时忍俊不禁，教室里一阵欢笑。

"我要公平，我要公平！"我像孩子受到不公平待遇时一样，故意大声吼叫着。这下，孩子们更是被逗乐了。值日班长红旗，马上跃上讲台，义正词严地说："老师，我给你主持公道。"孩子这么一说，全班又是一阵哈哈大笑，教室里充满了快乐的空气。

红旗把其他同学的名字，严格地按照先来后到的顺序，一个个排列在我的后面。不一会儿工夫，我的名字后面整整齐齐排列着一串名字。可是，这不是要挤掉第十个到的同学吗？

我有些不忍。此时，孩子们仿佛看出了我的心事，说："老师，既然定了公约，我们就要实事求是地执行。"我脑门一拍，对啊，这不正是一次很好的实事求是、不折不扣执行公约的教育吗？

这之后，我能明显感觉到孩子们对班级公约的重视。

后来，有一次我上课忘词了，我拍着脑门，尴尬地说："刚刚，我在开小差。""老师，开小差，要扣分。"瑞琴大声抢着说。

我又狠狠地拍了拍脑门："对，就是要扣分，而且作为一个班主任，居然开小差，要多扣！"我故意厉声说。

"老师，算了吧。"

我歪着头，一本正经地说："那怎么行！不仅要扣，还要狠狠地扣！作为班主任加倍扣分，扣20分！"顿时，教室里一阵狂笑。

外面，阳光正好，风和日丽！

33 洞察：他把名字擦了二十几次

晚上，一走进教室，就看到教室里闹哄哄的。我有些诧异，怎么大家都堆在讲台上？我凑上去一瞧，班上的纪律委员谭颖同学正哭得伤心。看到这场景，我大体猜出了一二，多半是我们的纪律委员管理纪律的时候受了委屈。

果然，调查的时候，谭颖欲语泪先流，一边抹眼泪，一边竭力让自己不哭，看着真叫人心疼。

"老师，雷雷欺负人，他讲话，我在黑板上写他名字，他还不讲理，把名字擦了很多次。"

再看看雷雷，一脸无辜地坐在座位上。

这个雷雷，人很是机灵，而且特别喜欢帮助老师。做班干部也是一把好手，只要是交给他的事情，比如给老师找找东西啊，给老师倒杯茶呀，一准做得圆满周到。

比如有一次，我正在找书，孩子不一会儿工夫就变魔术似的在办公桌上给我找到了。我曾艳羡地问过孩子妈妈："你这孩子怎么教育的，咋情商那么高？"

可是，就是这样一个为老师做事细致周到的孩子，在班上却有些自由散漫。比如突然下个位置，他不以为意；突然大声吼叫，影响了纪律，他还不自知。

通过对雷雷的平时的了解，我大体能猜出个一二。我不动声色，淡淡地说了一句："同学们，老师说过，班干部只要是正确的，都需要先服从，出现的问题，我们接下来再解决。我们不说别的，光是这一点，我们雷雷就不正确，先到外面吹吹风，冷静冷静。"

雷雷咬着嘴唇，有些不好意思，站在教室后门外面，不时地朝教室里张望。我就知道这孩子怕老师冷落他，看他这个样子，真是又好笑又好气。

趁着上课铃响，孩子顺势一个箭步走进教室，悄悄坐在位置上。我默不作声，此时，最需要的是稳定情绪，等情绪稳定后，下课再解决吧。

下课铃响，我把谭颖和雷雷叫到外面，问问具体情况。

原来，雷雷作为清洁委员，在安排清洁工作，孩子大声呐喊："伍红，做清洁。"这声音可谓惊天动地，纪律委员谭颖一听，赶紧制止道："不要讲话，雷雷。"可是，我们雷雷仍然我行我素，继续叫喊。

谭颖马上在黑板上书写："雷雷于晚上 6 点 20 在教室里大声喧哗。"她刚刚写完，雷雷一个箭步冲上来，拿着黑板擦就"呼呼"三下五除二地把自己的名字给擦了。

纪律委员继续写，雷雷就"呼呼"继续擦，来来回回擦了二十几次，惹得谭颖委屈地哭了起来。

听着这个事情的缘由，我真是哭笑不得，边听边盯着雷雷，孩子低着头抿着嘴不好意思地偷偷笑了。

雷雷满脸委屈地说："老师，伍红总是不做清洁，您不知道我叫他叫得多辛苦。"这也是孩子一直擦自己名字的根本原因吧！

我微笑着说："雷雷，你作为清洁委员，安排事务，是正确的，但是你违反纪律也是确有其事。首先，大声喧哗。不该在班上大喊。其二，不尊重班干部，私自去擦黑板上自己的名字。其三，作为男生，绅士风度不够，男生要让着女生，学会保护女生，你看看你，平时那么懂得照顾老师，同学更需要照顾呢。"几条证据列出，孩子哑口无言，默然承认。

"所以这个事情，你需要：向纪律委员道歉，填写自我教育书，复盘自己做事的经过，回忆自己当时的情绪，明确自己不该做什么，知道自己错误在哪里，想想自己愿意接受哪些惩罚进行弥补。"孩子点点头。

"下次遇到这样的情况，我们要学会先冷静思考，想想这样做对不对，学会理智处理，学会从大局出发。这样的人，格局会更大一些的。"

孩子不住地点头，这一突发的冲突事件在风轻云淡中解决了。

34 交心：老师，你拖堂了

有段时间，我感觉孩子们学习上有些倦怠，上课的时候总是提不起精神。我有些纳闷，问孩子们："你们怎么最近在语文课上提不起精神？"孩子们眼神闪烁，露出怪异的神情。下午放学后，课代表悄悄告诉我："老师，你知道为什么吗？他们说你拖堂，无法按时下课，所以精神自然不好。"

我恍然大悟，继而陷入了深深的思考：孩子们对老师拖堂是深恶厌绝，长此以往，必然会对学科怠慢，影响成绩，这必须得进行改进。我思来想去，得从我自己改变开始。

开一个"吐槽会"：从倾诉开始

如果一个孩子对老师的拖堂敢怒不敢言，内心必然是压抑的。当一个人愿意倾诉的时候，一切都迎刃而解。

我来到教室，微笑着说："孩子们，老师最近发现大家状态不是很好，我是了解大家的，是因为老师长期拖堂。本来老师的想法是把知识点讲完，没想到却让大家心情不愉悦，老师深表歉意。但是请相信，我是希望大家能快乐地学习的。所以，大家有什么请畅所欲言，只要有助于大家的，老师愿意全盘接受。"

"老师，你可不可以按时呀？我有时候连厕所都没法上。"一个孩子站起来说。

"哎呀，实在对不起，我以后注意。"我心里很是愧疚。

"老师，可不可以周五的时候，按时放学？"

"好，老师答应！知道大家想周末放松放松。"教室里顿时欢呼雀跃。

"老师，其实拖堂讲不了多少东西的，反而效果不好。"

"嗯，是这样的。"我连连点头。

从拖堂的现象，到拖堂如何去解决，再到其他偶发问题，学生都在"吐槽"中全盘托出。当我们老师拿出足够的开放心态的时候，孩子们是愿意倾诉一切的。

选一个报警员：监督老师不拖堂

有了这个"吐槽会"，我充分了解了大家的想法和更好的处理方式。首要需要解决的问题是，控制自己不拖堂，哪怕课堂的教学内容还剩一点尾巴都要争取做到。

于是，我问："谁愿意监督老师不拖堂？"

"我，我。"孩子们争前恐后。最后，我们全班举手表决选出了一名报警员。

"孩子们，我们的报警员，为老师报时，监督老师不拖堂。"

报警员那可是一丝不苟，每次下课铃一响，"老师，下课了"的报警声便会响起。

"好，下课。"我大手一挥。

大家雀跃地涌出教室。

定欢乐拖堂法：愉悦接受偶尔拖堂

我有意识地把控自己的课堂节奏，课堂效率更高了。可是偶尔会缺一点点收尾，影响了课堂的整体性。怎么办？得和孩子们商量商量，让孩子们高兴地接受偶尔的短时间拖堂。

于是，我和孩子们一起开班会商定：如果拖堂，那么老师就请客吃零食一次。而且每个同学加班币 5 元。

果然，这方法挺管用，当老师偶尔拖堂的时候，全班同学居然眼睛亮亮的，大家不再唉声叹气，而是等待老师的请客和班币的增加。当然，我也要兑现承诺，零食奉上，教室里好不热闹。有的孩子还故意戏谑地说："老师，你下次继续拖吧，我们不仅可以开零食会，还可以挣班币。"

"哼，想得美！我可不愿意拖堂了。"我故意翻着白眼调皮地说。

有了这样的小措施后，我注意充分备课，也注意课堂节奏的把握，不仅提升了自己的学科专业素养，而且孩子们学得更有效，课堂变得高效起来，最妙的是，偶尔拖堂学生还能欢呼雀跃地接受。

35 留白：春风化雨细无痕

　　留白在中国画里是一种含蓄的艺术，以一种虚无的形式传递满盈的内涵，能更好地表现画面的空间感、层次感、立体感，看似不圆不满，却能使画面更加空灵，更能带给人无穷无尽的想象。同样，好的教育也是需要留白的。

　　上课铃声响起，我像往常一样来到教室，师生问好后，我正准备上课。突然一个声音冒出来："老师，他们刚才把我的凳子移开了，想让我摔在地上。"是班上的杨云同学。这孩子本是班上的班长，同学们却联名要罢免他，班主任为了遵循"民意"，撤了她的班长职务。

　　"谁？"刚一上课，就有人捣乱，这还了得，顿时，我怒从心来。

　　"我，我不知道。"杨云支吾着。

　　"哈哈哈……"教室里哄堂大笑起来。我明白肯定是班里有学生乘人之危。

　　"老师，是她自己移开的，还怪别人。"

　　"就是，昨天她也这样，班主任还偏心她呢！"还有人跟着起哄。

　　"我，我没有。"杨云急得泪珠子在眼里打转。

　　此时，我真想大发雷霆。但又想起前一天班主任说过这件事：把大家狠狠批评了一顿，同学们都很不服气，认为班主任还在偏心杨云。我意识到此时苛刻的批评，只能引发学生的抵触情绪，致使学生学会变本加厉，学会以暴治暴，教育的效果不但等于零，还有负面作用。但此时的杨云也的确委屈，我知道同学们这么做，是因为以前杨云不注意工作方法，只懂得严格要求同学，对自己却非常放松。同学们想伺机报复。看来，我最应该做的是改变这群孩子的心态，让他们在不知不觉中，自己去认识错误，起到"随风潜入夜，润物细无声"的效果。

冷静下来后，我不动声色，并没有像以前那样出示准备好的教学内容，而是转过身，默默地在黑板上写着：

> 如果你生活在批评中，你就学会了责难。
> 如果你生活在敌视中，你就学会了攻击。
> 如果你生活在嘲笑中，你就学会了胆怯。
> 如果你生活在宽容中，你就学会了忍耐。
> 如果你生活在鼓励中，你就学会了自信。
> 如果你生活在赞美中，你就学会了欣赏。
> 如果你生活在公平中，你就学会了正义。
> 如果你生活在安全中，你就学会了信任。
> 如果你生活在赞许中，你就学会了自爱。
> 如果你生活在接纳中，你就学会了爱。

教室里静得只剩下粉笔敲击黑板的声音，每一声也敲击着同学们的心灵。

写完后，我环视教室一周，同学们把头埋得很低很低，大家也都自觉地抄下来。我知道此时教导什么都显得多余，只是轻轻地说："这是老师送给大家的。同学们，一个人的觉悟影响着他的行动，每个人都有两个'自我'，一个'好我'和一个'坏我'。每一个时刻，'好我'和'坏我'都在较量和斗争，天堂与地狱、善良与邪恶就在一念之间。所以，营造良好的环境很重要，但更重要的是提升自己的觉悟。"说完，我又写了以下文字：

> 从生到死有多远？呼吸之间。
> 从迷到悟有多远？一念之间。
> 从爱到恨有多远？无常之间。
> 从古到今有多远？谈笑之间。
> 从你到我有多远？善解之间。

从心到心有多远？天地之间。

从神到我有多远？觉醒之间。

同学们已不约而同地朗读起来，声音比任何时候都要洪亮，都要激情澎湃，每一双眼睛都熠熠闪光，每一张面孔都泛着鲜艳的红潮！

有时候，教育需要学生留一点自我反省和自我教育的空间，让他自己去消化，去感悟，在关键的节骨眼上，培养他们的善念，把教育变成一种熏陶，一种无声的语言。如此，才能春风化雨，润物无声！

36 鼓励：好！享受鼓掌60下

我一板一眼地写着每周的"明星榜"，总觉得随着时间的流逝，孩子们获奖后不如以前那样情绪高涨，看来，我应该换一换方式了。

晚自习的时候，我来到教室，故作神秘地说："同学们，今天老师有新的发奖方式。""老师，你又想出什么新的花招？"

"待会儿，等大家作业完成了之后，我会告诉你们的。"我故意给孩子们留点悬念，让他们充满期待！

终于，半小时后，我拿着奖状走上讲台，郑重地宣布："今天，同学们，请给我们获奖的同学鼓掌，要又响又亮，并且要鼓掌鼓上60下。同时，获奖同学也不要辜负大家的美意哟，要来点获奖感言！"

"好呢！"班上顿时一阵欢腾。

"好，发奖仪式现在开始：灵敏同学，你的勤奋刻苦，使你进步巨大，我在此表示祝贺，同时希望你继续努力！"

灵敏在潮水般的掌声中激动地走上来。"1，2，3，4……"同学们心中都在默默地数着数，眼睛里闪耀着火花，双手有节奏地鼓掌，整个场面也随着拍掌声热烈起来，仿佛身体的每一根汗毛也跟着鼓掌声一同欢畅。"58，59，60！"同学们已经念出声来，灵敏站在讲台上，满脸通红。

"该你发言了，灵敏。"我说，

教室里掌声更是此起彼伏，一浪高过一浪。

"其实，这些只是以前的成绩，并不代表自己一定就能成功，我的成绩不稳定，所以我需要更加努力！"

"来，转过来，灵敏，我给你拍一张！"罗西西俏皮地用手比画了一个照相的姿势。我想大家心里都是兴奋的。

"灵敏，谈谈你听到同学们鼓掌60下的感受吧！"我抓住时机，趁热打铁。

灵敏甜蜜地说："很开心，很享受，谢谢同学们！"说完恭恭敬敬地给全班同学敬了一个90度的大礼。全班又是热烈鼓掌。整个颁奖场，因为多加了60下的鼓掌声变成了欢乐的海洋。

60下掌声，给孩子们带来了绵延的幸福和快乐！

"小露同学，你在本周被评为'优秀周主任'！"小露同学也上台了，也在激动地享受着别人给予的掌声。小露在60下掌声里，满脸笑容，慢慢地，她脸上的笑容僵住了，啜泣起来："其实，我作为一个周主任，自认为还是很负责的。就是有一点对不起大家，周四的那天由于家里出了点事，我一时冲动，就离家出走了。我让大家操心了，对不起！"小露抹了抹眼泪，继续说："今天听到同学们送给我的掌声，我感到十分愧疚，以后我再也不这样了，要对得起同学们对我的信任。"

60下掌声，引起了孩子们内心深刻的反省。

"家华，被评为'希望之星'，请上台领奖。"家华是班上的后进生，因为生病住院，同学们轮流去医院给他补课，没有想到学习不但没有落下，还进步了。

家华激动地走上台来，在享受了60下掌声后，孩子的眼泪如决堤的洪水，哗哗啦啦地倾泻下来。家华低着头哽咽着说："这掌声是老师和同学暂时借给我的，我以后会加倍努力，向你们一样，帮助班上的其他同学，报答大家对我的帮助。"

60下掌声，让孩子们懂得了感恩！

发奖仪式完毕后，同学们意犹未尽，有的嚷道："老师，以后我们每次都这样吧！"其他同学也摩拳擦掌，纷纷表示："我也要努力，争取下周也享受一下大家鼓掌60下的爽劲！"嘿，这次刚完，就在期待下一次了！

60下掌声，增强孩子们奋斗的动力！

这就是鼓励的力量，在鼓励中收获温暖和幸福，在鼓励中懂得自我反思，在鼓励中学会感恩，在鼓励中增强成长的动力。鼓励产生的力量是此起彼伏、绵延不绝的。愿大家都能在鼓励中，创造奇迹！

37　机智：智慧应对就在一瞬间

没有免疫力的苹果

我在家里切了一个苹果忘记吃了，发现时已经腐烂变质了。于是突发奇想：我不是在培养孩子们的自我教育嘛，何不在这两瓣苹果上做点文章？生活处处皆教育呀！

上课前，我取出腐烂的苹果："孩子们，看看，今天吴老师给大家带来一样东西！"那变质的苹果发出一阵阵酸臭的味道，有的孩子捂住了鼻子。

我若无其事绕教室走了一圈，转回来站在讲台上说："孩子们，看看这个苹果，是已经腐烂的苹果。现实生活中，我们的苹果很多是打过农药的，这样的苹果暂时把虫害给消灭了。但是，当我们把成熟的苹果放在那儿，没过多久它一定会腐烂，因为它没有自己的免疫力，很脆弱。然而，在《这一生，至少当一次傻瓜》中有一个叫木村的人，他种的苹果切成两半，即使放了两年也不腐烂，只会萎缩得越来越小，慢慢变成淡红色的干果，仍然能散发出淡淡的清香。"

"哇，真有这样的苹果吗？"孩子们张大了嘴巴，惊讶地问。

"是真的，因为那种苹果从来不打一滴农药，就像木村说的那样：其实不是我努力，而是苹果树自己很努力。"我停了一下，减慢了语速，"孩子们，靠别人管理，是无法真正成长的，真正的教育是自我教育，就像苹果树生长出自身的免疫力，让苹果能永远不腐烂。孩子们，老师希望你们能有自己的免疫力，能够成为那棵自己要生长的树，一棵能结满不会腐烂的苹果的树！"

教室里一片寂静，每个孩子都若有所思地望着那个没有免疫力的苹果……

重复也是一门学问

课堂上孩子们做题，我发现他们浮于表面，没有深入进去，答得不够具体。

于是，我要求孩子们再做一次，有的孩子开始惊呼，有的开始嚷嚷："老师，已经做过一次了，就不要再重复了吧！"

"重复？孩子们，如果我们仅仅是重复做一次，可能不会有什么样的改变。但是，亲爱的孩子们，如果我们试一试按照这样的思路去做一做，是不是效果会不一样呢？第一步，我们继续保持做第一遍时的激情和热情；第二步，学会分析和总结自己做第一遍时的失误在哪儿；第三步，把改进落实到行动中；第四步，我们试着再思考，提升做题的深度和广度。所以，重要的是学会把重复变成一种提升！"孩子们扑闪着眼睛，似懂非懂地点了点头。于是，大家静下心来，重新思考，埋头做题。嘿，第二次的效果就是不一样了呢！

我趁热打铁说："同学们，我们要善于把每一次的重复，变成一种不断的改进提升，那么，这样的重复才会有意义！学会在重复中思考，在思考中改进，在改进中拓展，在拓展中提升，穷则变，变则通，通则久！提升才是硬道理！"

孩子们目不转睛地看着我，显得心悦诚服。一切都在悄然间发生着改变。

登门槛效应

课堂上，我们按照课堂常规要进行"每日一语"。可是今天就奇怪了，没有人上来演讲，我纳闷，问科代表："今天怎么没有人上来演讲？"

"老师，安排了俊红，他说他不会，就不上去了。"俊红是个性格倔强的孩子，喜欢什么事由着自己的性子来。可是不安排他，其他同学会觉得不公平。当然，这孩子不上来，我们也不能硬碰硬。面对这样的孩子，我们要善于自己给台阶下，灵活应变。

我轻轻问："你怎么不上来演讲呢？"

"我不会，所以不上去。"孩子满是理由。

"那明天准备好了，再上来如何？"我继续追问，孩子点头。

第二天，我继续叫俊红，可是这一次，他还是老样子："我没有准备。"顿时我心里的火"噌"地一下蹿了起来，但我还是极力控制住自己心中的怒气。

"你看，昨天答应了，今天还是没有准备，这还真不地道。要不这样，上来，我们傻笑三分钟。"

一听说"傻笑三分钟"，全班哄堂大笑，顿时，气氛变得缓和起来。俊红也变得有点不好意思了。

我继续给自己台阶："给你一个选择题，A是傻笑三分钟，B是上来即兴演讲，推荐你看过的文章、书、电影都可以。"我给了孩子两个选择，并且把难度降低。

孩子这才大大方方走上来，推荐了看过的一本书。

介绍完毕后，我开始赞叹："不错嘛，你看，没有准备都能有如此水平，那要是准备了，效果会更加不一般，是吧？"俊红不好意思地笑笑。全班同学也跟着在赞叹。

"所以，我们俊红要是不准备一场认认真真的演讲，那真是太遗憾了。明天的演讲，我们来一次认真准备的，好吗？"孩子犹豫了一下，最后心悦诚服地点点头。

"明天可千万别忘记了哟，不然依然要傻笑三分钟的哟！"我故意扮了一个鬼脸俏皮地说。全班又是一阵狂笑。

第三天，孩子果然准备充分，而且侃侃而谈，赢得全班同学阵阵掌声。

心理学上有一个效应叫"登门槛效应"，就是一步一个台阶地攀登，从而达到预期的目的。面对个性特别的孩子，我们直白地表达观点，或者直接要求他，对方不一定会接受，但是先提出微不足道的小要求，再由浅入深地智慧引导，这样，孩子会更容易接受。

38 应变：庄重与幽默相结合

千万别离家出走

邻班的学生，有几个离家出走了。趁此机会，我对班级的孩子们进行了一次不要离家出走的教育。

师：同学们，离家出走可能获得了暂时的逃避，可后面的痛苦却需要你一个人来承担。

生：为什么？

师：出去了，万一遇见坏人怎么办？

生：我有这么傻吗？

师：到时候就不是你傻不傻的问题了，是你自己跟着他走。我有一个舅舅，有一次遇见一个陌生人，人家给了他一支烟，他就意识不清醒了，还把人家带到自己的家里来，把存折和密码都告诉人家了。那个人离开的时候还对人家讲：慢慢走。你看他，被别人迷惑了。

生：我才不信呢。

生：是有这样的事情，我们家附近发生过这样的事情。

师：对了，所以千万别离家出走。身上的钱用完了，你会回来吗？

生：会回来。

师：既然会回来，那干吗要走呢？多此一举！（生大笑）

生：那我就多走几次，至少能让父母担心。

师：走第一次，父母可能会担心，多几次，他们就会觉得无所谓了，反正都要回来，还找什么找？（生大笑）

生：那我就不回来。

师：一般离家出走的人，很容易上当受骗，没法回家。既然要离家出走，说明他的心理比较脆弱，心理脆弱的人在外面是受不得气的，所以他还是会回来的！

生：看来，还是不要离家出走，反正都要回来，要么就是回不来，那可不好。

好死不如赖活着

教育孩子们热爱生命，随时都需要，随时都可以。

这不，和孩子们聊天，有学生突然说道："现在的学生怎么啦，想不通就自杀？"

我接过话来："据科学研究，很多自杀者跳下去的那一刻，已经开始后悔，可是已经来不及了。"

"啊，真的吗？"孩子们好奇地睁大了眼睛。

"是啊，人都有求生的本能。你看动物，猪、猫、狗什么的，在最后那一刻，都要为自己的生命做最后一搏，这是动物求生的本能呢！"我接着继续举例，"我们老家有一个妇人，她因为和丈夫吵架，就喝农药百虫杀。天哪，这个药吃下去，一时半会儿是不会让人断命的，而是慢慢地把五腹六脏腐蚀掉，器官功能衰竭后人才能丧命。当送到医院的那一刻，医生也只能摇头：抬回家，等死吧，医院也救不了她啊。"教室里出奇的安静。

"在这等死的过程中，她每天只能落泪，落泪。她后悔啊，可是已经来不及了，无回天之术啊！"我低低地诉说着。

"老师，这等死的滋味，好难受哟！"有同学皱着眉头说。

"是啊，可惜，无法挽回了啊！"我痛惜地说，"所以，同学们，不管遇到任何事情，我们都不能拿自己的生命开玩笑，因为好死不如赖活着，只要生命在，一切都有可能，生命只有一次，我们为什么不好好珍惜呢？"

此时，教室里一片沉寂，大家都陷入了沉思之中。是啊，热爱生命，从敬畏我们的仅有一次的生命开始！

巧用成语法

课堂上，一生走神。我走上前去，轻轻地拍了他一下，然后说："呀，你怎么听得神魂颠倒，飘飘欲仙，魂不守舍，惴惴不安，灵魂出窍，头晕目眩，不知所云？"孩子不好意思地笑了，课堂又恢复了平静。

一次，学生在下面窃窃私语，我马上提醒一生："张荣，你是不是在讲话？"

"啊，老师不是我，是他！"顿时，我明白有可能是自己看错了，但也不排除学生狡辩的嫌疑，怎么办？马上转过来批评另外一个同学，万一不是他怎么办？难道马上停课查？有这个必要吗？为了这件小事把学生的颜面扫得溜光，值得吗？把学生和老师推向敌我矛盾，那就更是赔了夫人又折兵，何必呢？这样一来我们三个都显得尴尬。

我灵机一动："这叫声东击西啊！"顿时，教室里哄堂大笑，有学生故意说："老师，也叫调虎离山呀！"

"对对对，你看，马上就学以致用，举一反三了呢。"一场尴尬随着笑声在巧用成语中化为云烟！

巧用比喻法

课堂上，两个孩子突然打闹起来。班上的同学跟着躁动起来。

我就知道这两个孩童上课总爱用不同的方式来吸引同学的注意力。干脆，我就顺他们的意吧，来个将计就计！

正好正在讲比喻句，计上心来，我话锋一转："同学们，干脆我们用一个比喻句来形容刚才两个同学的样子，怎么样？"教室里顿时一石激起千层浪，热闹非凡！

"两个人像两个猴子在嬉戏。""他们俩张牙舞爪，像发怒的狮子。"……同学们争先恐后地起来发言。

我故意大肆渲染："形象，形象！"经我这一"鼓动"，全班都像在做

"脑筋急转弯"，恨不得把自己想到的都展现出来，再悄悄瞧瞧我那两个宝贝"顽童"，嘿，两个人早已是面红耳赤，赶忙求饶道："老师我们错了，再也不敢了！"

这时候，还需要老师批评吗？

39 坦诚：老师，大胆承认自己的错误

上课铃声已经结束了许久，班上的陈林还在偷偷摸摸地递眼镜。

唉！这孩子呀，老以为戴上眼镜看上去更斯文，我心里暗暗叹息，嘴上却说道："不该戴眼镜的偏偏想戴眼镜，等真的眼睛近视了，谁还愿意戴眼镜啊！"顿时，教室里哄堂大笑。陈林立刻嘴巴张成了"O"型，仿佛要说什么，却最终没有说出来。

课堂正在有序地进行着，猛然间，我发现陈林一直心不在焉，怒气一下冲到了脑门，但我极力压住自己的火气，只是旁敲侧击地说："有的同学还没有进入学习状态呀，平时作业一直马虎，上课也不认真！"教室里又是一阵大笑。

同学们都知道陈林作业一直很是马虎。只见陈林咬着牙，脸色煞白，那愤怒的眼神直向我射过来，最后破口而出："老师，你刚才为什么说我喜欢戴眼镜？你……"教室里安静得可怕，空气里弥漫着紧张的火药味。

我意识到自己在一气之下，当着全班的面，揭了陈林的短，才让他像一只受惊的小鹿。作为一名教师，我们本应该小心翼翼地保护孩子那脆弱的自尊心，一直以来，我也总是把尊重学生挂在嘴边，可是，有时候却在不经意间伤害了他们，甚至伤害得很深。

我顿时意识到自己说话的不妥当。既然做错了，人无完人，什么师道尊严，什么面子，在孩子的自尊、信赖面前，微不足道。其实当我们敢于面对自己的错误的时候，恰恰是赢得尊重的时候。

下课了，我邀请陈林到办公室来。孩子来了，却一直沉默不语，看来我是真的伤害了他！

我只得悄悄地叫来陈林旁边的一个同学，问清了刚才的情况。原来是班上另外一个孩子忘了带眼镜，于是借了罗西的眼镜，后来用完了要还给罗西，让陈林递过去的时候，正好被我瞧见了，于是才有了刚才的误会。

刹那间，我感到自己无地自容。我是一个好老师吗？我怎么那么冲动呢？我还经常提醒自己要冷静，但还是这样急躁冒进。我又窘又悔，我得给他道歉，马上就去，并且要当着全班的面道歉。

在众目睽睽之下，我郑重其事地来到讲台上。此时的每一个字都发自我的内心深处："同学们，今天老师要向班上的一位同学道歉，因为我误解了他。作为你们的班主任，我为自己的急躁冲动感到惭愧。"我一边说着一边走到陈林身边，恭恭敬敬地说了一声："陈林，对不起。"

然而，班上并没有出现预想的惊奇和掌声，反而是一个同学嚷起来："老师，你怎么成了鲁庄公？"我猛然记起，上一堂课才讲完《曹刿论战》。我心猛地一颤。是啊，一个老师无意中不注意呵护孩子的心灵，同样会让其他孩子受到伤害，因为其他孩子也是看在眼里的。

于是，我马上真诚地说："谢谢你们提醒了我，我不希望自己伤害任何学生——哪怕是无意的。如果我伤害了你们，请原谅，那是因为老师没有注意到，我以后，一定注意。"我庆幸自己能及时醒悟，马上弥补。

既而，我笑着说："老师犯了鲁庄公急躁的毛病，鲁庄公虽然冒失，却能虚心听取意见，他虽然是一个庸君却不是昏君。老师也不是神。是人，就会犯错误，请原谅老师无意中犯下的错误。同时，我更期待大家监督我，如果我无意中伤害了大家，大家一定要记得告诉我。我愿意接受大家的监督。因为，我和你们是一体的，是手心和手指的关系，我们之间缺了谁都不行。我愿意和大家一起同进退，共呼吸。今天这件事，就当作是老师和大家一起进步的机会吧！"教室这才响起了雷鸣般的掌声。这掌声是我对的宽容，更是警钟。它在告诉我：时刻把尊重学生，落实到细节上。

人非圣贤，孰能无过。老师也难免会误解学生。当我们发现自己的错误时，要勇敢地放下教师权威，真诚地向学生道歉。这样才能真正地走进学生的心灵。

所以，面对孩子脆弱叛逆的心灵，面对纷繁复杂的社会信息，我选择用心灵倾听心灵，用最温热最真诚的道歉代替屏蔽和遮掩！在学生受到曲解、误解的时候，我们要敢于直接、正面地坦然向学生承认错误，真正做到用心灵赢得心灵。

当我们坦诚地承认自己的错误的时候，就是用心灵倾听心灵的一种姿态，一种温柔而坚定的教育姿态。如此，我们的教育才能成为一束光，去照亮师生共同成长的路。

40 公平：给每个孩子努力的机会

自习阅读课堂里，班上的一个叫张新的后进生一直在那儿和同桌说着什么，时而窃窃私语，时而低头匿笑。我皱了皱眉，这个张新不但自己不认真看书，还喜欢去影响别人。此时，我真想当场批评他一顿，但转念一想，唉，批评了有什么作用呢？这孩子也没少挨批评，还是等下课后单独处理比较好吧！

终于挨到下课，我把张新叫来，我脸上满是不悦，严厉地问："刚才上阅读课的时候，你不好好看书，一直在和同桌干什么？"

张新张大眼睛，极力争辩："老师，不是。我在看一个关于刘备的新编的故事，所以和同桌讨论了一下。"此时，我还真庆幸自己这次的冷静。要是没有倾听孩子的诉说，就轻易地下结论，这不是又伤害了一个孩子？

教育需要平等地对待孩子，尊重每一个孩子，更需要看见每一个孩子，用鼓励的姿态去唤醒孩子，让他们看见自己的价值，从而获得人生的自信。因为，一个孩子的自信心重于一切。

我知道，这孩子平时成绩不是特别理想，但每个人都有表现的欲望，都有渴望被人看见的期待。我为什么不趁此机会树立一下孩子的自信呢？要相信孩子，给每个孩子机会，或许他的人生从此改写，这比我让他进步了多少分数还要有用！

我说："张新，那个故事应该很吸引人的，你看你愿意和同桌分享，老师更希望你能分享给更多的人，明天你把今天看到的故事给大家讲一讲，可以吗？"

"老师，我能行吗？"张新眼睛里泛出了一丝渴望却又自卑的亮光。

"能，老师相信你能行的。今天晚上，你好好准备，老师等着你明天的表现！"孩子犹豫迟疑了一下，最后终于重重地点点头。

那天晚自习课，张新一直认真地在背故事。对他来言，记忆完一个故事是有相当大的难度的。可是，一个孩子愿意去做的事情，他会竭尽全力去做。此时，所有的指导都显得多余，我不能打扰他，我能做的，就是给孩子信心。

第二天语文课上，张新早已经是正襟危坐。

我站在讲台上，开始宣布："今天，我们的演讲者是张新，请张新同学上来给我们讲故事！"

"老师，我没背过！我不能背下来。"孩子有些局促，眼神里有些慌乱。

顿时，讲台下面一阵唏嘘，我理解同学们的惊奇。怎么办，就这样算了吗？不，我的目的是培养孩子的自信，培养他敢于站出来的勇气，我应该给每个孩子机会。

我定了定神，微笑着对张新说："没关系，照着念吧！"我握着拳头，暗示张新，然后坚定地说："加油，您能行的！"

孩子受到了鼓励，大胆地走上讲台，拿着书开始念故事。故事讲得不算流畅，更说不上绘声绘色。可是，这样一个不敢上台的孩子，敢于在同学们面前朗读，那需要多么大的勇气啊！对他自己而言，已经是走出了一大步。

教室里不时发出阵阵窃笑，偶有几声议论声。"不怕，大胆地去读。"我鼓励着他。孩子拿着书，吞吞吐吐地坚持读完了这个故事。下面已是笑声一片。这是我意料之中的。

此时，该我上台了，从前一天晚上到现在，我已经酝酿很久了："同学们，你们知道老师为什么让张新来讲吗？"孩子们面面相觑，疑惑地摇摇头。

"自从我给张新同学布置了这个任务后，整整一个晚自习，他一直坚持在位置上背这个故事。虽然今天的结果不如大家想象中那么行云流水，但是同学们，试问班上还会有哪一个同学会像张新那样，为了一个故事在那儿认真地准备，那么执著地坚持，哪怕知道会被大家嘲笑，仍然敢于站出来，大胆地走上台？"教室里一片安静，我顿了顿，接着说，"一个有勇气正视自己，有胆识突破自己的人，难道不值得我们敬佩吗？"教室里变得更加肃穆起来。

"所以，今天我邀请张新上来讲故事，就是向大家展示他的精神。他本人不就是一个很好的故事？一个战胜自我的故事！一个敢于去经历，去锻炼，去挑战自我的故事！这样的人，才能成长为更好的自己，全新的自己！"我神色激动，孩子们神情凝重……

此时，教室里静得仿佛时间停滞了一般，继而掌声雷动，经久不息！我仿佛看到了一片鲜花的海洋，还有张新那张满含笑意的脸，被掌声已经催成了两朵盛开的红花……

41 增趣：让惩罚多一点情趣

刚刚过了一个寒假，孩子们的自我约束力还不够。科任老师反映："最近，在你们班上课的时候，有些人老是随意讲话！"我一听，这总得想点办法呀！但是，仅仅是莽撞地批评，是没用的，当常用的惩罚已经失去效果的时候，我们应该用什么样的惩罚，既能促进孩子们改进，又能让孩子们愉快地接受？

一

我把主动权交给了孩子们。

我来到教室，和孩子们商量。"最近，大家经过了一个寒假，有的同学不是不想控制自己，而是需要用外力来约束自己。"我清了清嗓子，"听科任老师反映，有的同学上课随意讲话，这既影响了自己，也影响了班级纪律，大家看这种情况怎么办呢？"

"罚他做清洁。""让他'我不讲话！'一百遍。""做下蹲。""老师，给他贴胶布。"同学们踊跃地说着自己的想法。可是，没有一条得到大家的赞同。

"老师，让他唱《青藏高原》。"余成说出了自己的想法。

"这个好，这个好！"全班很多同学也表示赞同。

于是，大家举手表决，最后唱《青藏高原》获胜。"有需要申辩的吗？"教室里一片安静。"既然没有，那，我宣布，随意讲话唱《青藏高原》，成立！"

二

某天上课的时候，我突然听到一阵"嗡嗡"声，我环视了一周，哦，原来是扬扬正用书遮着嘴巴，在和同桌说着什么。

"扬扬，哈哈，今天我抓住你随意说话了。"

"老师，说好的哟，要唱《青藏高原》哟！"一个孩子嚷嚷道。

"对对对！"其他同学开始应和。

"既然是说好的，"我无奈地耸耸肩，"那只能落实班级公约了！"

下午，班干部反映：看见胡兵左转右转地说了几句，伊莎也说了几句。依班规惩罚的时候，需要公平，这几个同学都是因为讲话，那么都应该被惩罚唱《青藏高原》。

三

下午，同学们翘首期盼着，到了总结的时候，我告诉孩子们："今天我们将热烈欢迎几位同学给我们开一个小型《青藏高原》演唱会。"

"哇哦！"大家欢呼。

"老师，我不会唱。"扬扬嗫嚅着说。

"不会唱？我们可以放音乐原声！"

"老师，我们几个人一起唱，可以吗？"

"同意一起唱的，举手！"全班寥寥。

"同意一个一个挨着唱的举手！""刷"，一片扬起。

扬扬不好意思走上来，这可得用点激将法："同学们，我们数到60，如果没有上来的话，他们是不是要多唱一首哟？"

"同意！"全班又是热烈举手。全班开始："1，2，3……"扬扬有些不好意思，还在位置上坐着。"10，11，12……"扬扬突然甩甩胳膊，横下心，走了上来。

悠扬的伴奏声响起。可是，人上来了，嘴巴怎么也张不开。下面的孩子也急了。毕竟踏出这一步是有一定的难度的，何不给孩子一个台阶呢？

我说："孩子们，不如这样，扬扬不会唱，干脆，让另外两个同学陪他一起唱，同意的举手！"全班同学见此情景，都高高举起了手。

胡兵和伊莎走上台来，扬扬显得自然一些了。伊莎毕竟是女同学，还有些扭捏。有时候，多一点宽容，对孩子们真是一件好事！

音乐声再次响起，三个人面面相觑，下面的孩子们期待着，盼望着。

"是谁带来远古的呼唤，是谁留下千年的期盼……"伊莎低着头，胡兵侧着身，扬扬脸上一直挂着笑。

大家都看着他们的表情，也跟着哈哈大笑起来，教室里弥漫着热闹的气氛。

"难道说，还有无言的歌……"有的孩子已经在跟着小声哼唱。扬扬，开始唱了，终于走出第一步了，胡兵也扬起了声音。

看着孩子们哼着，我也受了感染，也大声哼唱起来："我看见一座座山，一座座山川……"

伊莎也开始唱起来，同学们唱得更起劲了，教室里真是一片音乐汇聚的海洋！一片悠扬悦耳动听的声音，那真是一片天籁之音，一片互相理解包容的声音，我也不禁陶醉了，沉浸在音乐之中。

一首歌曲唱完后，三个孩子嘴角都上扬着，没有了被惩罚的不快，也没有被惩罚的尴尬，这样的有趣的惩罚真好！

教育不是一成不变的，不断地翻新创意，不断地提升趣味，如此，既保护了被惩罚人的自尊心，也达到了惩罚的效果，同时，让班级氛围变得轻松而温馨！

42 点燃：看我们的班干部有多牛

班上的班干部培养，需要先进行培训，然后分配任务，上岗实践，反思改进，评价鼓励，一步都不能缺少，而更为关键的是：教给孩子不断思考自主想办法的思维，这才是让班干部变得有生机活力的重要因素。

早上，班级里读书声有气无力，毫无生机，两个领读委员站在台上那更是束手无策，看着这样的场景，我该怎么办？

把全班同学骂一顿？会让孩子们敢怒不敢言，影响师生情谊；批评领读委员做事不力，不负责任，会打击孩子做事的积极性，并且丝毫不能改变现状。

我不动声色，只是轻轻地凑到领读委员耳边，说："你们俩完全可以分工合作，一个领读，一个同学观察哪些早自习认真，哪些早自习不够认真，然后记录在黑板上，分别进行表彰和批评啊！"领读委员这才恍然大悟，快速分配好任务。

一个高声领读，一个开始睁大眼睛仔细看，竖着耳朵认真听。一会儿工夫，黑板上分成了两个板块，一边写着"读得好的：程圆，王振……"，一边写着"需要改进的：许奇，王刚……"。看到自己的名字，读得好的同学更是昂着头，挺着胸，认真地朗读。读得不好的同学看见自己的名字被记，吐吐舌头，赶快改变。

我顺势竖起大拇指，表扬领读委员："你们俩真是厉害，一个小小的举动就带来大大的改变，不过还可以继续思考怎么变得更好。"

经过点拨，领读委员马上开动脑筋，脑门一拍，来了一个现场宣布："同学们，今天我们读得好的同学准备加班币5元，需要改进的同学，我们建议中午留下来读好。不知道大家同意吗？同意的请举手。"班级大部分同学"哗啦啦"地举起手来，像一面面飞扬的小旗。班干部商量的班规马上成立。

我还需要在班级大范围地鼓励："同学们，大家看，今天我们的领读委员一个小小的举动就让领读变得有生机，这就是懂得不断思考的班干部。一个懂得不断想办法，不断改进自己工作方法的班干部，才是优秀的班干部。这样的班干部，所有的问题都不是个事，堪称最牛班干！愿我们班上能涌现更多的最牛班干！全班同学用你最雪亮的眼睛进行观察哟！周一我们进行表彰！"

经过这一引导，全班班干部全部跟着行动起来。欣赏、耐心、引导、鼓励能创造一个美好的世界！

又一个早上，走在教学楼的走廊里，远远地就听到激情澎湃的英语朗读声响彻上空。我们的安全执勤员云徐还在空荡荡的走廊里，安安静静地立在那儿，在这个微冷的冬天让我温暖无比——真是个好孩子，这么负责！

教室里的澎湃的朗读声此起彼伏，我惊奇于为什么今天的朗读声能这样动人。当孩子们停息的时候，我情不自禁地竖起大拇指，说："孩子们，你们的朗读声真让老师振奋！"一个孩子马上抢先说："老师，您知道为什么吗？英语课代表说大家要是读得好，就现场给大家背一遍英语！"

"啊，这可是新课哟！"在为孩子的智慧感到骄傲之余，我开始悄悄为孩子捏了一把汗：要是现场背不出，同学们会不会笑话他呢？孩子的自尊心很强呀！

可是，后来发现，我的担忧是多余的，安静的教室里，响起了课代表背书的声音，其他同学认真地听着。突然，课代表短路了。啊，怎么办？要是背不过，孩子的面子不是丢大了？我不禁心都提到嗓子眼了。

此时，更让我震撼的是，孩子们异口同声地提醒着，大家都被课代表不断地思考，不断地想办法感动着。终于，课代表完整地背完了英语课文，教室里掌声雷动！

下课了，周主任心雨把前一天的榜样对照表交了上来，上面手写的格子像一个个绽放的笑脸，在冲我欢笑。黑板上还留着"您没有理由虚度连金子都换不来的时间！"这是周主任早自习时留在黑板上提醒孩子们的句子，无声胜有声，润物细无声。历史课代表熊港走上来："老师，今天我们想找点时间给大家复习一下历史！"

"那当然好！"

"老师，我想贴一张图书馆的新规则在橱窗上！"图书馆长兴奋地告诉我。

"哇噻，我都没要想出来用什么新规则，你就想到了，太了不起了！"我惊讶地看着孩子，发自内心地赞叹！孩子喜滋滋地拿着新规则贴在橱窗上，脸上一直洋溢着无法抑制的笑容。

教育的意义在于点燃，每一个孩子都有着丰富的心灵和巨大的潜能，我们的任务就是唤醒孩子的心灵能量，解放孩子的智慧，发展孩子的潜能，从而激发他内在生命的创造力，让他感受到跃动的活力和难以遏制的激情。这就是点燃的过程，教育的真谛！

43 归属：因为我们是一体的

期末复习，很多孩子出现了疲软的状态，怎么办？师生共同的参与，让孩子们知道，在这一场热血沸腾的岁月里，老师永远与他们同在！那就来一场说跑就跑的接力赛吧，让孩子们更有归属感。

这一场接力赛，让我们的老师也加入到队伍中来，让师生情谊在接力赛中延续，在接力赛中升华。班级与班级竞争，每个班级大多数孩子都能参加接力赛，科任老师也加入队伍。

当孩子们听说班上的老师也要一起参加的时候，整个教室里沸腾起来。孩子们戏谑地说："老师，你们跑得快吗？"

我回答道："快与不快都不重要，重要的是，只要你们能感觉到，老师和你们是一体的！"说这话的时候，外面阳光正好，孩子们笑得比蜜还甜！

周五，天空下着小雨。孩子们问："老师，今天还跑吗？"

"跑，风雨无阻！初三不正是需要在风雨中奔跑吗？"我坚定地说。对，就应该让孩子们和老师一起风雨同舟，享受和体验一起奔跑的感觉，从而转化到我们的生活和学习中。这不正是最好的一场人生奋斗的欢歌吗？何乐而不为呢？

冷冷的雨还在飘舞着，每个班级的同学们都在认真地安排着。操场上异常热闹，孩子们异常兴奋。让他们感觉到新奇而有趣的是：每一位老师要参加这场接力赛。

作为老师的我，站在队伍中，也曾犹豫过：万一跑得不快，那不是被孩子们笑话吗？

甚至还提前给孩子们打过预防针：老师生过病，不能再跑到医院去了！孩子们听后呵呵地笑着。他们的心可明亮着呢！

没有参加比赛的孩子站在旁边，不知道是因为老师带头参加，还是受到了感染，大家争先恐后做着后勤。

"老师，我来帮你们拿衣服！"李朵边说边去拿大家的衣服。

"同学们，我要帮大家照相，我的观察角度最棒了！"孩子一边甜滋滋地拿着相机，一边比画着。

文静的小柯也主动站出来，大声呐喊："逐梦班，加油！逐梦班，加油！千万别跑得丢脸哟！"

"肯定不会的！"孩子们仿佛受到了感染，一个个摩拳擦掌，都想大显身手。

当裁判一声令下的时候，一个个争先恐后，在风中飞舞！身边的孩子们不停地呐喊，我也不停地呐喊，一场接力赛，所有复习的苦与乐、枯燥与乏味就这样在师生共同的狂奔中融化了。整个操场上没了寒冷，只有火热的激情在流淌！

该我跑了。不想那么多了，只要尽力了，努力了，我也算给孩子们做好榜样了！就算摔倒了、受伤了，也要坚强地爬起来，继续跑。"向前冲，我和孩子们是一体的"是我此时唯一的想法，这样的想法从脑袋里蹦出，在空气中弥漫，最后留下来的只有坚定！

这就是与孩子们风雨兼程，这就是同舟共济，这就是同甘共苦！孩子们的呐喊声与雨中拼命飞奔的疯狂交织在一起，压抑、烦恼、苦闷也因为集体的凝聚而消失殆尽！

终于，我的耳边只有呼呼的风声，还有同学们不绝于耳的呐喊声，这就是巨大的力量！

到了到了，我终于冲到了终点，孩子们迎面扑过来，我的身子瞬间一软，倒在了一个孩子的身上。

"老师，你太勇敢了！""赶快，老师您喝点水！""老师，您真棒，我们害怕您又会生病……"此时仿佛我是孩子，孩子们是大人。

"你看，老师不是好好的吗？"我忍着疲倦，对孩子们轻松地笑笑，"快与不快都不重要，因为有你们在，我从不孤单！"

对，孩子们，有你们在，永远不孤单，因为我们是一体的！

马斯洛的需要层次理论告诉我们：每个人都有归属和爱的需要。教育学就是关系学，我们应当用心灵去感知孩子的心灵，用爱去触摸孩子的灵魂，用体贴去与孩子共情，让孩子感受到与老师是一体的，增强学生的归属感！

44 启发：跳绳悟出目标、激情、毅力

教育需要启发和引导，而日常的教育中，我们更需要把握启发的时机和条件，适时地引导学生去思考，去探索，去实践，去创造。正如《论语》中有言："不愤不启，不悱不发"。

最近孩子们开始懈怠了，我一直在思考怎么和他们说。

早上，我和孩子们一起跳绳。我说："孩子们，今天跳绳之前我们先给自己定一个目标，可以吗？"

"好！"有的毫不犹豫地答应了，有的怯怯地不作声。

"不要怕，大胆定一个目标。诗颖，你准备跳多少？"我问一个自信的女孩。

"200个。"

"你呢？"我微笑地问一个文静的男生。

"我不敢定。"

"有啥不敢定的，多少都无所谓。"我鼓励孩子说。

"那我跳100个。"

"挺好啊，自己和自己比。"我鼓励着孩子。

"好，开始跳绳，预备起。"

"呼呼呼"，操场上响起了热烈的跳绳的声音。"还有20秒。"计时员开始提醒。孩子们加快了速度。

"好，停。"跳绳结束。我轻轻问大家："达到目标的举手。"一大片。我笑着说："看来任何事情得有目标啊。"

"好，接着我们跳第二次。"我笑着说。

"这次还是按照原来的目标。"有的孩子自信地说。

"老师，我可能达不到。"有的孩子有些怯怯地说。我微笑着，鼓励大家大胆地跳。

"好，停。"计时员呼叫着。

"这一次，达到的请举手。"这一次没有上一次多了，寥寥无几。

我们继续跳。按照相同的方式跳第三次。跳完，我继续问："这一次，达到的请举手。"人数更少。此时，我意味深长地说："孩子们，做任何事情，一鼓作气，再而衰，三而竭。所以我们要把握好第一次，鼓足干劲，坚持到底。"

有同学开始嚷嚷："老师，我觉得第二次更好。"

我微微笑着，问："为什么呢？"

"因为我吸取了第一次的教训，所以比第一次更努力。"孩子若有所思地说。

"是啊，如果我们失去了第一次的机会，那么我们将需要花更多的力气来弥补，花更多的功夫，也能实现成功。"

"那第三次呢？"

"第三次，要成功，还需要毅力、坚持，哪怕再苦再累，也要咬紧牙关，坚持。"孩子们怔怔地看着我。

"所以，一个人要成功，要持续不断地取得更大的成功，需要目标、激情、毅力，不然一切都是空谈。孩子们，在我们坚持不住的时候，请坚持下来吧。"在孩子们兴奋而跳跃的眼神里，我已经看到了新的力量。

每一个细节都可以作为教育的契机，都可以变成引导孩子们成长的资源，资源到处都有，关键是我们该如何挖掘资源，如何用一颗善感的心去启发孩子们去觉察，去思考，去感悟。这就要求我们教育者去珍惜每一次机会，宁静地沉思、潜心地创造、执著地追问、从容地表达，从而创造出一种触及心灵的影响。

愿孩子们，能在我们的启发教育中，不断地反思，不断地扪心自问，不断地眷顾心灵，不断地成长！

45 引导：巧治浮躁小妙招

考试期间，孩子们有些浮躁。如何让孩子们沉静、顺利地度过考试这一特殊时期呢？有时候我们可以用用洗脑术。

黄金变黄土 VS 黄金变钻石

考完数学后，下午才考英语，中间有两节课的休息时间。可是有的同学兴奋得在教室外飞奔，有的坐在位置上，神色恍惚。我不动声色，悄悄坐在教室后面。

我和孩子们闲聊："同学们，大家知道不，我们考试最后是否成功，取决于是否左右开弓。"一听说"左右开弓"，有的同学开始好奇。

"老师，什么是左右开弓啊？"

"左右开弓，就是既注重平时，又注重考试时间。可是，我却发现有的同学注重了平时珍惜时间，却忘记了考试期间的黄金时间。活生生地把'黄金时间'变成了'黄土时间'，多划不来啊！"

有的同学开始狂笑。

"当然，如果你把考试中途的复习时间调整好，平静地对待这段时间，注意这期间的劳逸结合，复习好下一个科目，这段'黄金时间'就会变成'钻石时间'哟！"

孩子们听了心悦诚服，慢慢地，大家停止了喧哗，安静地坐在位置上，开始复习下一个科目。

有时候，同一件事，换一种语言方式效果就大不同。

语言是有魔力的

考完英语科目后，孩子们喧哗声不绝于耳，上课铃声响起，却充耳不闻。

我静静地站上讲台，又开始和孩子们分析："同学们，你们知道吗，考试后，一般有这样的表现的同学，容易丢掉时间。"

"哪种？"孩子们睁大眼睛。

"用四字短语表示，第一种，情不自禁。考完上一个科目，回到教室后，情不自禁地拿着一本小说或者漫画书，在位置上手不释卷，忘记了考试还没有结束。"我顿了顿，"第二种，玩物丧志。刚刚考完一个科目，就忘乎所以，拿着魔方在那玩耍，不知道下一个科目还需要复习。第三种，胡思乱想。虽然手里拿着书，脑子却神游世界。第四种，忘乎其形。考试中途兴奋狂躁，追逐打闹。第五种，闲等闲聊。几个同学聊天，把时间白白浪费，忘记了自己的主要任务。"有的同学低着头，开始不好意思。

"如果这样下去的话，送这几类同学三个词语。第一个是功败垂成，第二个是前功尽弃，第三个是后悔莫及。当然，如果你现在引起重视，也送您三个词语。第一个是瞬息千里，第二个是百尺竿头，第三个是刮目相待。"话音刚落，教室里一片窸窸窣窣拿书的声音，大家已经收拾好心情，进入下一个科目的复习。

临时抱佛脚有用吗？

离考试还剩两个小时，有的孩子开始心不在焉。

我开始问孩子们："孩子们，临时抱佛脚有用吗？"

"没有用。""有用。"孩子们七嘴八舌议论开来。

我示意同学们保持安静，引导道："凡事预则立，能够平时准备好，当然是最好的。有本书叫《每天最重要的 2 小时》。现在离考试只有两个小时了，这两个小时是很重要的。为什么呢？"

"据科学研究，在紧迫的时间压力下，人的肾上腺素、大脑供血量急剧上升，脑细胞大量裂变，思维快速运转，人的专注度被挤压得如火山爆发时的岩浆般喷薄而出，此时我们的身体、心理都是巅峰状态，所以效率最高。"我自问自答。

"但是，如果真要抱佛脚也要有方法地抱。"我继续引导，"我们需要做到四个方面：第一，把时间分成半小时一个时间段。第二，提升自己的专注度，提升效率。第三，复习能够记忆的东西。第四，看马上可以得分的内容。"

一个善于洗脑的老师，需要真正懂学生所需，了解学生的心理脉络，明白因势利导、循循善诱的原理，如此，才能改变学生的心智、动员学生，让改变真实地发生！

第三辑

方法总比问题多

——应对棘手问题的教育智慧

46 化解：当学生和科任老师发生冲突时

屈指算来，我在三尺讲台上已耕耘有些春秋了。回想教海"初航"的日子，渴望事事一帆风顺，可现实往往是事与愿违，几经风雨，岁月沉淀了浮躁与冲动，增添了沉静与智慧。我常想起泰戈尔的一句名言："那使鹅卵石趋于完美的，不是锤的敲打，乃是水的轻歌曼舞。"他让我明白了教育要选择合适的时机、适当的方式，并进行创造性的驾驭，才能成功。

上学期的一天，数学课结束后，科任老师非常生气地告诉我："吴老师，杨杨（化名）上数学课老是趴着。今天我看他笔记本上一字未记。我叫他记，他不但不记，还和我顶嘴。"唉！这群小毛孩，没少让我操心。看着数学老师脸色惨白、满脸委屈的样子，我急忙安慰，我能体谅一个科任老师的难处和苦衷。

在科任老师和学生发生冲突的时候，作为班主任，既要注意协调好学生与科任老师的关系，也要注意保护科任老师在班里上课的积极性。一般班主任在班里有着天然的权威，我需要给数学老师找回尊严。

文字熏陶法：平息情绪

我走进教室，把杨杨叫了出来。没想到，他在我面前还是梗着脖子。我知道这孩子性格比较倔强，他心里可能忖度着我要帮着数学老师一起来"斗"他，所以满脸"抗拒"的样子。看来我不能和他硬碰硬。

此时，不急于指责，不激化矛盾，安抚情绪，使孩子冷静下来最为重要。在教育中，最简单的方法就是说教。但如果没有疏导好情绪，所有的说教都是隔靴搔痒，有时候甚至会起反效果。

于是，我表现得很淡定，装着好像根本没发生这事，只是很平静地说："杨杨，去把你的好朋友李浩叫来，可以吗？"杨杨有些疑惑，不知道我葫芦里卖的什么药，但还是叫来了李浩。

我不动声色，把语文课本递给李浩："今天你可以帮我朗读一篇文章吗？翻到课文《我的母亲》，把我用红笔勾画的那句话大声地朗读三遍。"杨杨有些丈二和尚摸不着头脑，李浩已经开始大声读起来："世间，最下流的事莫如把生气的脸摆给旁人看。"

"能不能再大声朗读？"我若无其事地说，李浩也很是配合，声如洪钟。"再来三遍。好吗？"随着朗读次数的增多，杨杨脸色已经由红到白再到青，慢慢地，梗着的脖子不再那样僵硬，头也稍稍低下来了。我要的就是这种效果。有时候，文字熏陶可以起到潜移默化、润物无声的效果。在应急事件的处理中，文字熏陶能转移情绪，甚至有声东击西、出其不意的效果。

静观其变法：引起自省

此时，气氛有些缓和。接下来，还需要静观其变。我的语气不能过于激烈，我问："你今天怎么和数学老师顶起来了？"

"就是看不惯。"这是什么话？这孩子就是习惯霸道，以自我为中心。我能感觉到这孩子的"火星"还直往上冒。

"听说你上课不做笔记，是吗？"

"就是不想写！"这叫理由吗？看来火候没到，还需要等待。我轻轻地说："你再好好想想，明天我再找你谈，好吗？你刚才说的都不叫理由，等你冷静后，我们再谈哟！"在孩子和老师倔的时候，别急着马上解决问题。冷一段时间，并不代表老师就丢了尊严，教育效果最好的是自我教育。心结需要慢慢解开，而不是靠老师去压，压而不服，引发抵触，适得其反。但不管等多久，立场一定要坚定。在处理学生抗拒的问题上，温和而坚定的态度是需要的。

接下来的一天，我不动声色地观察，不对孩子做任何处理，看孩子有什么变化。再通过询问各科老师，了解杨杨有没有什么情绪变化。我需要知道杨杨究竟有没有引起在心理上的思想斗争。随着时间的推移，让孩子慢慢地自我反省。

果不其然，那一天，杨杨已经收敛了很多。

谈心引导法：打开心结

为了做好杨杨的思想工作，我精心寻找突破口。杨杨之所以会上课趴着，是因为他的确基础太差，听课吃力，再加上处于初二这个年龄段的孩子本身就具有桀骜不驯、躁动不安、冲动的特点，特别容易情绪化，特别容易"钻牛角尖"。如果他不能接受某个老师，不管老师说什么，他都会故意为之。"叛逆"在他们身上体现得淋漓尽致。所以我一直觉得：教育最重要的是培养孩子健康的心态。

第四天，我才把杨杨叫来，谈心聊天。我首先从他进入初二后的学习情况谈起，谈到基础差不是问题，不学便永远不会，主动学至少还有成功的可能。然后我把班上几个和他成绩相当的同学的笔记本和他的，同时递给他看。其他同学的记得密密麻麻，而杨杨的一片空白。看到同学的笔记，杨杨不好意思地低下了头，说："老师，我去补上吧！"

此时，我才开始进入正题："你看那天你让数学老师多生气啊，你还需要去和数学老师好好谈谈。"

"我不去。"杨杨又重新昂起了倔强的头。我明白问题得一个个解决，不可能一蹴而就。杨杨和数学老师之间还有一定误解，还没有完全理解数学老师，我还要静静地等，协调好他们之间的关系。

苏霍姆林斯基说：教育首先是关怀备至地、深思熟虑地、小心翼翼地触及年轻的心灵。在这里，谁有耐心和细心，谁就获得成功。

写信转述法：调节矛盾

解决科任老师和学生的冲突，他们之间的沟通比什么都重要。作为班主任，最好的处理方式是让孩子自己去解决，自己去沟通，而不是靠班主任的威严迫使他服从。我知道，这个年龄的孩子，让他理解自己行为的偏差，只是简单地说教不一定管用，得让他引起心灵上的震撼。

于是，我用孩子喜欢的信笺纸，给杨杨写了一封信，信中谈了数学老师平时怎么关心他的细节，又谈了一个老师的苦衷，这件事对老师的伤害和对班上同学造成的影响，希望他自己能解决好和老师起冲突这件事情……写好后，我悄悄地把信放在杨杨的座位上，装着什么也没发生。但我相信这封信对杨杨的触动一定很大。

果然，没有多久，数学老师就兴高采烈地对我说："你和杨杨谈了什么？他居然主动来找我谈心了，现在上课也不像以前那么心不在焉了。"我笑而不语，这只是我等待的结果。

孩子本质是善良的，我只是让孩子自我反省一下而已。

表演体验法：教育全班

这件事，对班级也是产生了影响的，所以，我还需要趁热打铁，对全班同学进行教育，才能达到不仅治标，更治本的效果。我不想"杀鸡给猴看"，唯愿班上的同学能真正学会理解他人，严于律己，宽以待人，形成良好的心态，这才是我想要的。

于是，我在班上搞了一个情景剧表演，主题是"师生关系 AB 剧"，剧情背景是：科任老师上课的时候，学生和老师发生冲突，一组学生表演学生和老师对着干，关系越来越恶化的情景；另一组表演师生发生冲突后，学生积极沟通处理，最后大事化小，小事化无，师生关系越来越融洽的情景。

同学们的表演天赋超乎我的想象，让人忍俊不禁。演完后，大家都争先恐后地发言谈了自己的感受。我引导大家思考这样几个问题：（1）为什么会发生师生冲突？（2）发生师生冲突，怎么处理？（3）如何避免师生发生冲突？表演的过程和讨论的过程，就是全班同学复盘这次冲突的过程，然后深度思考这件事背后的原因，把坏事变成好事，同学们明白了师生交往的关键。我还把这件事延伸到同伴关系、亲子关系，给孩子们上了一堂人际交往课。

化解冲突，我们要有温和而坚定的原则，基于耐心、宽容、等待、智慧，慢慢地拨云见日，真正把事故变成一个美丽的故事！

47 执著：当学生假期作业没有完成时

　　每个假期，都会有孩子不同程度地不完成假期作业。此时，做老师的是放任自流还是严加惩罚？以前，我都会宽容孩子们，担心孩子们补作业太多，影响开学的状态。可是最后有的孩子却变本加厉。于是，我摆出了一副将补作业进行到底的姿态。

　　报名的时候，检查作业，各个课代表理出了没有完成作业的同学，我看着教室里坐着一大片或多或少没有完成作业的，内心苦笑，假期玩得什么都忘记了。我亲爱的家长们又到哪儿去了呢？俗话说，"法不责众"，我偏要来个"法要责众"！

　　"没完成作业的同学，请留下来完成作业！"我自己都被吓了一跳，语气带着不容置疑的坚定。这一次，我要让孩子们通过补作业产生内省，以此来指导和督促新学期的做作业情况。

　　孩子们默默开始补作业，教室里静得只能听到沙沙的落笔声。此时，我明白，批评他们于事无补，我要的是内省，唤醒他们内心的自我管理和教育。到了该吃午饭的时候，我轻描淡写地说："去吃饭吧，吃完了再回来补作业。"

　　下午，教室里孩子们继续在补作业。我一直默默地守候在旁边。傍晚时分，孩子们明显比我还着急，但作业还没完成呀！我想，引导孩子反省假期，增强自己责任感的时候到了。

　　"孩子们，你们看，假期两个月的时间，你们是没有时间吗？一个假期就这样荒芜了，这是对自己没有责任感的表现。"言不在多，点到即可。

　　"天色也不早了，每个同学上来和我交流一下吧！"交流也罢，谈心也好，每个孩子都谈了自己假期的情况，也给出了完成作业的期限。我默默点头赞许，心里却在窃喜：别慌呀，孩子们，今天晚上补作业，才能让你们产生彻骨的体验。

果不其然，晚上，家长发来短信了："吴老师好，我是李文的妈妈，不好意思，打扰您了。首先做一下自我检讨，孩子的暑假作业，我是经常提醒的，但没有检查。我这当家长的现在想来的确没有做好，监督不到位。现在孩子从放学到现在，一直在补作业，她也知道自己没完成假期作业错了，为了孩子的健康，是不是再多给几天期限？"其实我要的就是这样的效果，我可以想象，孩子在家里在灯下，在怎样的奋笔疾书，家长在旁边内心翻腾是怎样的激烈。

补暑假作业，我不是为了把数量凑足，而是为了让学生在补作业的体验中反思自我。

既然效果已经达到，补与不补就显得不再重要了。于是，我给家长回了短信："李文家长，我能理解您的想法，也支持您的做法，孩子的健康是第一位的。今天我们让孩子补暑假作业，就是为了让她认识到错误，既然认识到了，做与不做就不重要了！"

家长马上回复："辛苦了，吴老师，孩子认识到了错误，我还要让她学会承担和承认错误，所以，做完是必须的，我让她写了一份检讨书，您提醒她交给您！"我们的家长其实是很明理的，有时候，只是需要我们的一个小小的提醒罢了。

"没事的，检讨就没有必要了，相信您的孩子在您的引领下，会有一个崭新的开始的！"我期望家长和孩子把目光集中到新学期上来，用补作业这件事收心，开启我们新学期的旅程。

第二天早上，陆续有孩子交来补做的暑假作业，没有完成的孩子和我定好了期限，落下实在太多的，去和科任老师商量。我想，科任老师会更多地和孩子谈新学期的打算。我们不急于一时，教育是个长远的过程。

我该登台引导孩子们了。"孩子们，知道为什么这一次，老师在暑假作业上，态度这么坚定吗？"我环视了教室一周，孩子们默不作声，"大家看，60天的作业，有的同学只用了一天的时间就可以做完，这说明完全有能力、有时间完成作业。"我目光坚定，看着孩子们。

停顿片刻，我继续说："那我们的假期究竟做了些什么呢？其实假期可以做很多事情的，可以读书提高自己，可以体验生活，可以弥补自己学得不好的科目，可以去做自己感兴趣的事情，过一个有意义的假期。作业就是检验我们是不是自觉的一个非常重要的指标！为什么我们没有完成假期作业？说明还需要让自己更自觉，更主动！你有多自律就有多成功，一个渴望一生有所成就的人，需要高度的自律精神！"

我有些激动："我相信你们，会把这一次补作业的教训用来警醒自己新学期每一次的作业，有意识地提醒自己，按时完成。特别是周末，我相信你们不会再出现类似的情况的。同时，自觉做好自己分内的事情，我们一生都需要修炼自我管理的能力，要真正地形成自我克制、自我约束、自我管理的好习惯！"

说完，我在黑板上重重地写上"重规划，能自律，养习惯，知责任"。我想这些字会成为本学期的精髓，刻入孩子们的骨髓，流淌在孩子的血液里，影响一生，也不枉本次"将补作业进行到底"的执著吧！

窗外阳光明媚，斜射进教室，孩子们的眼睛一闪一闪的，在他们的目光里，我看了阳光的身影！

48 冷静：他怎么动手打人了

早上，一到教室里，班上的 TSY 强忍住泪水告诉我："老师，我被人打了！我被 LJH 打了。"我心里一颤，怎么会这样？打人？这个 LJH 情绪控制上有问题，但还不至于动手啊。

我努力抑制住内心的气愤，低声告诉 LJH："你知道吗，我最痛恨的就是动手打人，男生打女生，算什么男子汉！"孩子默不作声，脸红一阵白一阵的。

"发生天大的事情，都不要动手打人，动手就不正确。"我把音调提高了些，这话是说给全班同学听的。

应急安抚第一

此时，我心里瞬间闪出以下问题：孩子到底打伤没有？被打孩子家长会不会不服气？会不会继续发生恶性事件？这是我作为老师第一考虑的问题。我努力让自己冷静下来，赶快把这件事告诉了男生家长："你赶快来，你儿子打人了。"

"啊，这孩子，怎么动手打人呢？"孩子妈妈也有些震撼。

"咱们还是先看看有什么问题没有，谁都是爹生娘养的，谁也不愿意自己的孩子挨打。更何况是男生打女生，女生家长会很不高兴的。"

男生妈妈听了，火急火燎地赶到教室里。我三句两句和家长说了说情况，告诉家长："这个时候，你们家孩子是打人方，先把孩子带去医院看看再说。不然要真是扯皮闹纠纷，那就更难办了。"

男生妈妈很识礼，急忙带着女生去医院了。

此时，我开始慢慢了解情况。原来 TSY 作为班干部，叫 LJH 去跳绳，孩子不听，TSY 就把名字写在黑板上，LJH 顿时火冒三丈，瞬间冲过来，其他同学还没来得及反应，拳头已经重重地落在了女生 TSY 身上。旁边的同学赶快拉开两个孩子。班上一个叫新宇的同学赶快跑过去，轻轻安慰 TSY 说："我们先冷静一下。你先去跳绳，待会儿跟吴老师说就是。"听到这里，我不禁为班上的孩子懂得冷静理智地处理应急事件感到欣慰。这说明班级有正能量在，遇到同学发生冲突，大家第一想到的是：劝开，解决，而不是火上浇油，或看热闹。我不禁被班上孩子能识大体打动。

可是，我仍然坐立不安。我该怎么向女生家长交代呢？作为女生家长，自己的孩子没有过错，突然被别人打了，心里肯定会不高兴，这是人之常情。

我思考了一下，解决这个事情需要策略，如果孩子确实打伤了，那么立刻通知女生家长，一起解决。如果没有打伤，不说吗？不可能，只是解决难度小一点而已。

男生妈妈终于带着孩子从医院回来了，万事大吉，孩子没有大问题。哪怕虚惊一场，这件事也不能忽略，我们必须对这个糊涂的小男孩进行教育。

公正分清责任

对于这件事的处理，这个孩子的攻击性行为是当前最需要面对的问题。

于是，我把两个孩子和男生父母一起叫到办公室。解决问题的最好时机是冷静平和的时候。

家长和孩子来了，我们正式对打人过程进行复盘。我们先要分清责任。我告诉两个孩子："这件事情，两个孩子对老师我来说，手心手背都是肉。我站在一个公正的立场上评说。这件事，我们的 LJH 同学要负百分之九十的责任。TSY 作为班干部，她要管理同学们，这是正当的，LJH 没有按规则去做，她在黑板上书写也是没有错的。用拳头打人家，打人就不对，不管多大的事情，更何况人家是因为班级事务管理你。所以，控制好自己的情绪，还是需要注意。"孩子家长在旁边连连说着自己孩子的不是。

"作为班干部，要注意多听取别人的意见，多倾听别人，注意工作方法，因此要占百分之十的过错。"我对女生 TSY 说。

学会换位思考

在处理矛盾的时候，矛盾的双方都认为对方是错误的。所以教会孩子换位思考很重要。

我告诉女生："如果今天你是这个男生，在发生冲突前，你是怎么想的？"

女生想了想，说："我会觉得怎么在你面前没有存在感，我当时在说话，你怎么不听我说话呢？"

"所以当班干部的时候，我们要注意方法和策略，重视别人的意见，这样也有利于保护自己。"孩子抿着嘴，点点头。

我转过身，问男生："如果你是班干部，你在这件事中是怎么想的？"

男生低着头，低声说："如果我是班干部，有人没有听从我的管理的时候，我会想：你怎么这么不遵守纪律啊？"孩子停顿了一下，仿佛在反思："后来我打了她，她会觉得好委屈，心想：我作为班干部管理你，你还要打人！"

我心里一阵酸楚，引导孩子："是啊，你看她怎么处理的？她还要带着委屈和疼痛带领同学们去跳绳，而且你知道不，TSY 的妈妈最近得了重病，她妈妈明天就要动手术。你想想，她承受着多大的心理压力啊！她没有冒火生气，而是在受了委屈后隐忍着，把自己的责任放在第一位。"我说不下去了，这个孩子最近承受了太多的磨难，太多太多……

"老师，我理解她的感受了，我太渺小了，做一个男生还要小性子。"男生嗫嚅着说。

换位思考能设身处地地为别人着想，真心实意为别人考虑。用宽容化解冲突，用理解换来沟通。

照顾受害方的情绪

孩子被打，被打的孩子家长心里是有气的。所以，安抚受害方家长的情绪很重要。男生家长很明理，从兜里拿出两百块钱来，说："老师，我知道这件事我家儿子不正确，我们没有买什么东西，这点钱拿给孩子去买营养品吧。"

"我不能收这个钱。"孩子一个劲地摇头，坚决拒绝，"老师教过我们：君子爱财，取之有道。我是坚决不能收的。"我真为这样的女孩子感动，骄傲。

"要不这样，LJH 妈妈就买点水果，让 TSY 的爸爸妈妈感受到你们的心意。"

"好好，我待会儿就去买。"男生妈妈真是一个贤惠识体的好女人。

接下来，我需要给女生妈妈打个电话了。最好是我当个中间人，然后让他们双方父母通话。

这个电话，我要表达孩子没有大问题，并且对方家长态度很好，同时表达孩子在这件事中学会了成长。

当我把这个电话打过去，女生家长表示："只要没有什么问题就好，哪有小孩不会发生摩擦的！"

我马上示意男生妈妈也来聊聊。两个女人，互相唠唠嗑，谈谈知心话，感情更容易沟通。不一会儿工夫，两个妈妈在电话里相谈甚欢。

引导将功补过

在两个妈妈通电话的时候，男生已经明白：这个事情有多麻烦。孩子在旁边一直惭愧地低着头。

电话打完，我长长地嘘了一口气，语重心长地告诉男生："现在的关键是，自己如何去弥补过错，如何将功补过。"

"老师，我向她道歉，对不起，TSY。"男生重重地敬了一个礼。

女生连连摆手："没有关系，我以后也要多听你解释。"

"老师，我愿意为 TSY 服务一周，弥补过错。"男生主动说，"同时要在班上做一次检讨，让其他同学不要像我那样子。"

我心里涌上了阵阵暖意。"你这样，在 TSY 的纪律部领一个班级职务，为班级服务，也体验一下做班干部的不容易吧。另外，需要你来上一堂《控制情绪》的班会。这个周末回去好好备课，妈妈好好帮助孩子一起做课件吧。"孩子妈妈爽快地答应了。

学会深度思考

让孩子在这件纠纷中有所收获，也是解决纠纷的目的之一。

晚上，孩子送来说明书，只是叙述了事情的经过。我看了看，说："里面需要思考自己为什么情绪控制不好的根源。"孩子回去又认真写了一遍。

读了孩子的文字，我明白了孩子动手打人的根源：孩子在小学三年级之前，一直跟着自己的奶奶。在一、二年级学习控制情绪的关键时期，因为老人的溺爱，他没有习得如何控制自己的情绪。孩子一不舒服，马上生气，奶奶就想方设法哄着，后来孩子就越来越控制不住自己的情绪。现在进入青春期后，开始动手打人了。

看来这个孩子打人属于习得性攻击行为。根据条件反射理论，当孩子第一次使用暴力没有人阻止或反抗，自己又得到了发泄，他们再有不满的时候，就会不假思索地使用这种方式。

我一直纳闷，为什么修养如此好的家长的孩子会打人，会控制不住情绪，原来根源在此。每一个孩子犯错，背后都是有原因的，当我们深入去了解的时候，会发现每一个行为都是值得理解的。

孩子写说明书的过程，就是不断自我反思的过程，此时，还需要老师的点拨，从而引导学生深度思考。

我继续指导孩子："找到根源后，还要分析自己这件事处理不当的地方，然后思考如何处理会更恰当，以后遇到类似的情况该怎么办。"

经过足足五个来回，孩子才完成了说明书的书写。如此折腾，是为了培养深度思维。同时，准备班会的过程，就是自我认知、自我教育的过程。

引导情绪控制

思考是一个内心想清楚的过程，但真正要改变一个孩子的行为，怎么做才是关键。

于是，我和孩子一起根据他的实际情况，量身定制了"愤怒应对训练六步走"：

第一步，觉察情绪。

当自己冲动的时候，学会马上发现问题，保持警觉，并提醒自己：我现在的情绪是什么？

第二步，自我暗示。

遇到自己情绪激动，学会自我暗示：不要发怒，不要发怒。

第三步，转移注意力。

发现不良情绪，马上转移目标，或者换环境，让自己情绪平静下来。

第四步，呼吸放松训练。

用鼻孔深吸一口气，默默从 1 数到 5，再缓慢从鼻孔出气，又从 1 数到 5。重复 7 次。

第五步，写情绪日记。

情绪日记从"发生的事情""自己的感受""可能导致的后果""建设性处理方法""产生的良好结果"几个方面书写。

第六步，自我奖励法。

当控制住情绪，要自我奖励一次，让自己学会慢慢控制自己。

我和孩子达成共识：这一个量身打造的情绪控制法，需要一个长期的训练过程，需要长期努力。

感染全班同学

当然，这件事需要给全班一个交代，以此教育全班同学，营造更好的班级氛围。

LJH 和大家上了一堂《控制情绪》的班会后，还交流了自己的想法和处理这件事的具体过程。

我开始和孩子们交流："孩子们，通过这件事，你们受到什么启发？"

"不能欺负女同学，要保护女生。"一个男生站起来说。

"要注意控制自己的情绪。""无论如何都不能动手。""当班干部要注意方法。"孩子们一一说着自己受到的启迪。

我接着引导孩子们要学会自控："孩子们，我听说过这样一句话：上天要毁灭一个人，必先让他失去自控力。一个没有自控力的人，距离灭亡就不远了。一个连自己的行为都控制不了的人，怎么可能去影响别人获得成功呢？"我停了停，说："所以，只有懂得自控的人才会把握自我发展的主动权，才能抵制诱惑。做一个高度自律的人多么重要。"

接着我和孩子们商量出如何控制冲动的情绪。

（1）情绪激动时，在心里默默数6下再行动。

（2）改变观念：解决事情的关键不是发生了什么事情，而是我们对待事情的态度。

（3）进行建设性的内心对话：无论如何，我都要平静，我才不会生气，生气等于暴露自己的弱点。

（4）多从全局思考问题：为小事情浪费精力，值得吗？

（5）多思考这样做的后果是什么。

（6）找一个优秀的学习榜样。

（7）自控不是一日之功，长期练习变成习惯。

（8）做一个终身修炼的人。真正的情绪控制，来自内心的博大与宽容。

这件打人事件暂时处理好了，我不禁长长舒了一口气。遇到问题，我们要善于分析，一个故事背后都是有原因的，作为老师，冷静思考，谨慎处理，细心呵护，始终保持友好的态度，才能真正走向教育的真谛！

49 陪伴：家长离婚，孩子没人管

　　班上有一个叫陈小刚的孩子，调皮可是出了名的。一会儿班上同学告他欺负女同学，一会儿又被德育处的老师送来，说是翻铁门出去上网。孩子的表现，整天让我这个班主任不得安宁。

　　这不，一天早晨，宿舍的生活老师急冲冲地跑来告诉我："吴老师，你们班的陈小刚昨天晚上又犯事了，他把同寝室同学用来擦脚的碘酒抢去喝了。这会儿正躺在寝室里赖着不起来呢！"我一听，这怎么行？万一喝出了什么事，那怎么担当得起呢！得马上把他家长找来。我急忙拨了家长的电话，要求家长马上赶来。

　　陈小刚慢吞吞地走到办公室，只见他耷拉着脑袋，眼睛血红，脸上却丝毫找不到一点内疚的神情。

　　终于，一位打扮时髦的中年妇女赶来了："老师，我是陈小刚的妈妈。"紧接着，一位中年男子也气势汹汹地赶来了，对着妇女咆哮："你坐哪个野男人的车来的？"办公室的老师一阵愕然。中年妇女杏眼圆睁："我俩都离婚了，我坐谁的车，你管得着吗？""你就知道勾引男人！""我勾引谁，都不关你的事！"两个人居然旁若无人、肆无忌惮地争吵起来，办公室里顿时沸腾起来。

　　"你们都要搞清楚，今天来的目的是什么！"我急忙制止纠纷，"要吵到外面吵去，这可是办公室！"办公室的老师也开始制止起来，可陈小刚居然还面无表情，可能是司空见惯，不足为奇吧。生活在这种环境下的孩子能够学好吗？我不禁暗暗叹息。

　　"小刚在寝室喝了酒，不，准确地说是碘酒，现在都还没清醒呢！出于安全考虑，还是先由家长接回去吧！"我话音刚落，小刚妈就急着争辩："孩子判给他爸了，由他领回去！"

"哟呵，这个月的生活费还没给呢！由他妈领回去！"小刚爸也毫不示弱。

"哟，我说姓陈的，法律上可写得清清楚楚，谁是监护人？"女人阴阳怪气地提高声调，跳起来推给他。门口已挤满了一群看热闹的学生，我知道此时怎么劝都无济于事，有人已悄悄给保安打了电话，办公室已是乱成一团。

突然，一个声音大声吼道："滚，你们都是魔鬼！滚，我不想看到你们！"是小刚，他没有先前的不屑，也没有刚才的麻木，只是死死地盯着他亲爱的爸爸和妈妈，布满血丝的眼睛里满是愤怒、失望、无助。我不躲闪，也不制止，任孩子发泄。也许他心里已经压抑得太久了，更是被父母的推诿碾碎了心灵，为此正困惑着，痛苦着，可怜的孩子呀！

办公室的空气仿佛都要凝固了，小刚的爸妈也纹丝不动，呆呆地望着自己的儿子，从来没有这么陌生。此时的小刚已经蜷缩在一个角落，哀哀地低着头。

"你们都是魔鬼！"对，我们都在扮演着魔鬼的角色，都想着自己，却伤害了孩子。每个孩子本是纯洁的，却被我们这些魔鬼般的大人的世故和自私"掩埋"。魔鬼还颐指气使地说："你怎么这么不听话！"我们难道不是魔鬼吗？我不禁为自己逃避责任的自私而惭愧。

对，我们不能再一错再错了。我走上前去一把抱住小刚："行了，你们谁也别推了，小刚就留在我这儿。让我来好好教育他，我来跟他好好谈！"我不能一错再错，再继续魔鬼的角色了，我知道这是一条艰难而曲折的路，但是，我责无旁贷。小刚先是一愣，蓦然，"老师，我，呜呜……"像一只受伤的小鹿倒在我的怀里失声痛哭，肩膀剧烈地抽搐着，那是一颗颤抖的心呀！

我的眼睛悄悄蒙上了泪水，我仿佛看到了那猩红滴血的朝阳，正沉沦在苍茫而怒吼的海面上，我们不能碾碎那一个个鲜活灵动的生命，却还扮演着伟大的慈善家，而应该让明媚的朝阳真正冉冉升起，这是我的责任和使命。

下午，我什么也没做，也没有说，只是以宽容理解的姿态站在了孩子的身边。之后再慢慢引导吧，一切都交给明天吧！我明白，成长之路是蜿蜒曲折着向上的。

【感悟】（1）如果离婚双方都互相推诿，班主任不要寄希望于家长。（2）遇到这样的情况，做老师的更不能逃避和放任自流，多给孩子理解和陪伴吧！（3）尽自己所能，给予孩子更多的爱与陪伴。（4）当我们无能为力的时候，把一切交给时间吧。

50 宽容：偷盗事件发生后……

下午，我刚走进教室，班里的女生杨利就焦急地跑来告诉我："老师，今天我放在包里的钱不见了！"我一听，顿时傻眼了。当班主任，最棘手的就是偷盗事件。为什么呢？查出来了，偷盗的学生面子上怎么挂得住？不调查，那就很难保证班上不会发生下一次。既然发生了，就不得不去当一次"警察"。

峰回路转不见"君"

我努力让自己沉住气，平静地说："你这钱大概是什么时候丢的？"

"我早上出去后，中午没有回寝室，下午看见我的包横躺在床上，我一看，钱已经没了！"初步可以断定钱是在中午的时候丢的。

我接着问："你们寝室都有谁？"

"有谢娟、戴红、章于、彭燕、小西。"

"那你认为这几个谁的嫌疑最大？"

"老师，我觉得可能是小西，她今天是一个人回的寝室。"

"我们不能仅凭这点乱说别人啊！"

"还有呀，她平时完全是个铁公鸡，今天却主动要借钱给我。我觉得这一点挺奇怪的。"我仔细地分析了这件事情：谢娟和杨利是好朋友，并且她们两个人简直是形影不离，偷的可能性较小；戴红、章于中午没有回寝室，没有"作案"时间；彭燕是我任教的另外一个班的学生，平时正直爽朗，她偷的可能性较小；小西这孩子以前有过偷盗的行为，只是每次都没有拿到证据，再加上她是一个人单独行动的，可疑性最大。

但是在没有水落石出之前，作为老师千万不能表现出对谁怀疑，万一判断失误，那不是对学生伤害很大吗？

射人先射"马"

我泰然自若地把全寝室的孩子叫到办公室，我想：看一看究竟谁的表情慌张一些。

作为老师，我深知此时我不仅是一个警察，更应该是医生。

他们来了，我故作神秘地说："今天，杨利丢了钱，我想肯定是我们当中的一个。俗话说得好，做贼的心虚，你们最近看的《谍战古山塘》中秦镇宗为了试出是谁说出了秘密，叫他的怀疑对象一个挨着一个夹珠子，做了亏心事的是一定夹不起来的，这样一来说出秘密的人就不查自明了。待会儿我们也这样做一次。"我一边说，一边观察着学生的表情，我想：要是真的用上这一套，万一做贼的果然露馅，那不是太残酷了吗？也许这一套只能虚张声势，给作案者一个心理压力罢了。于是，我话锋一转："但我准备把这种方式作为第二套方案，第一套马上实施。"我故弄玄虚："同学们，先回教室里去，叫到谁，谁就出来。"我已经看到了小西那闪烁慌张的神色，但又马上镇定下来。

我准备把学生一个一个叫出来，让每个人在纸上回答三个问题：中午去了哪些地方？寝室的其他人在干什么？你认为谁最有怀疑，理由是什么？

我这样做的目的是：既可以了解情况，也可以给作案者制造心理压力。

随着学生一个个地出去，可以想象作案者那慌张的神色和煎熬的心灵，果然，小西眼睁睁地看着他们出去，又充满疑惑地看着他们回来。世界上最残酷的不是"死去"，而是"等死"。我要的就是这种效果。

最后，只剩下小西了。看完学生们的回答，我怀疑，是小西。此时我并不急着叫她出来了。因为我应该有充分的理由才对她下手，万一她来一个死活不认账，那我不是前功尽弃了吗？此时的我可要欲擒故纵。果真，她早已是按捺不住了，急急地跑出来："老师，你该找我了。"我转过身去，我想此时她已经编了一大堆为自己推脱的理由想对我说，既然她想说，我就偏不让她说！我故作镇定地说："我又没有叫你，你跑来干什么？"

"是她们叫我来的。"

"是吗？"我反问道，我已经看出她有一点局促不安了，但我不能急着解决。

不畏"浮云"遮望眼

看来我得了解她的经济来源。我赶快给小西的父亲挂了电话，孩子父亲说给了120元，然后又通过生活委员了解到她在卡里存了25元，再通过同学们了解到她还了20元，她口袋里本该有多少钱我已经略知一二了。

现在轮到我出手的时候了，我叫来小西，故意拿着笔作记录：

"你今天中午在哪儿？"

"我吃完饭后，回了寝室，然后章于马上就回来了。"这孩子早有防备。

"然后呢？"

"然后我们一起到了教室。"

"但她们说你在寝室单独待了一段时间。"

"老师，我没偷。"小西慌了。

"你别紧张嘛。老师又没说你偷的，你看着我的眼睛。"

我明显看到她想努力地看着我，但眼睛最终又垂下去了，毕竟是个孩子，没有城府。

我不失时机地追问："本周你有多少钱？"

"120。"

"怎么用的？"

"还了20，冲卡25。"

"还有呢？"

"我星期天买了方便面和面包。"

"方便面多少钱一包，买了几包？面包呢？"我一边问一边用笔算着钱的数量。

"每包一块六。一共四包……"

我发现她声音越来越小，底气越来越弱。

"那你哪来的钱借给杨利？你要是借了，你哪来的生活费？你平时都舍不得借钱，今天为什么那么反常？全寝室都说你中午待了很久，你为什么不承认？"我接连发问，她哪里招架得住！

柳暗花明"又"一村

"告诉老师，钱是不是你拿的？你平时在老师心目中一直都那么诚实，今天怎么变了一个人？你不是爱撒谎的孩子，你一撒谎，你的神色就已经出卖你了。"

孩子局促了，突然，她"哇"的一声哭起来。"老师，我好后悔，我一时糊涂，我本来想承认的，但又怕同学们从此不喜欢我。我也想还给她，但不知道用什么方式还给她。"

"孩子，偷是一种不劳而获的表现，这样只会偷走你的自尊。"

"老师，我错了，我真的怕他们知道后，我的人生就完了。"

顿时，我的脑袋"嗡"的一声，孩子们此时最期待的是把偷钱的"贼"抓出来，可"抓"出来了，对小西的将来又会产生什么样的影响呢？作为教育者的我们，不是为了惩罚学生，而是为了引导他们走上正确的人生道路。如果我们的做法影响了他们的将来，那么我们的教育不是起反作用了吗？

我明白此时自己更应该慎重处理，宽容和关怀才能真正改变一个孩子，我应该教会她懂得自尊和自立。我告诉小西："也许，你的不劳而获会给你带来暂时的快乐，但却永远让你心惊胆战，并让你的自尊也永远丧失，因为你因此背上了'贼'的称号，你失去的是人生最宝贵的东西。"

在关键时刻，要给予孩子宽容与爱。我们的学生只是一个孩子，我们应该把他们从悬崖边上拉上来。他们就像一块块瓦砾中的璞玉，作为"工匠"的我们，应该把玉从瓦砾中找出来，洗去玉身上的污泥，再仔细雕琢，这样一来玉才会熠熠生辉！

51 谨慎：天哪，学生开房了

开端：黔驴技穷时

"吴老师，你们班级的柯鸿和刘军在谈恋爱，在暑假已经出去开房了！"一个外班的家长在电话里告诉我。这个消息犹如平地一声惊雷起。

天，这两个孩子可都是我们班上的优秀学生呀！柯红还是班级的第一名呢！他们还是两个不满14岁的孩子呀！他们在班上都是佼佼者，这将会有怎样的负面影响呢？我该怎么跟他们的父母说呢？顿时，我的内心排山倒海般剧烈地翻滚。怎么办？怎么办？我不断问自己。

上学期，我知道他们在早恋，两个孩子经过教育之后，表示不会再这样了。而且在期末考试中，两个孩子都是有升无降，怎么一个暑假就有那么大的改变呢？我顿时没有了主意。

新学期开学时，刘军剪了一个当时最流行的"鸡公头"。最后，在我强烈要求下，才勉强同意把发型换回来。

他又闹着不读书了，还带着邻班学生想离家出走，想自食其力，出去打工，幸亏被我及时发现，才没让"阴谋得逞"。

回到学校，另外一个班级的班主任要求他把为什么离家出走的原因写下来。刘军却高昂着倔强的头颅，冷冷地丢下三个字："不想写！"

作为年级组长，看着自己班上的孩子公然反抗，我恼羞成怒："不写怎么可能呢！另外两个同学都要写，你凭什么就不写呢？"

"那我就不读书了！"顿时，我傻眼了，他已经将自己的内心武装得密密层层，坚不可摧。

行到水穷处，当心灵的空间充斥着迷茫的时候，人就变得杂乱无序。也好，给他一个机会回去反思一下吧！给他时间思考，等他自己冷静地想清楚了，再回来。说不定，我也把自己的头绪理出来了。顺水推舟，我准了刘军的假！可我转念一想，万一他真的倔强到不回来怎么办？可我还是无从下手！

我把柯红叫出来，问了一下，孩子全说些无关紧要的事情，我知道孩子在敷衍我，第一次，我败下阵来。我预感到，这将是一条艰难而又曲折的挑战之路……

转机：转变就在一瞬间

午夜失眠，索性起来，窗外暮气沉沉，初秋的夜晚已经透着点点凉意。为了这件事我夜不能寐，屋漏偏逢连夜雨，怎么又感冒了？我知道自己遇到了一个大难题，不能再逃避了，躲避只会更绝望，更尴尬，更凄楚。

我想起了自己曾经处理的早恋事件：一个优秀男孩对班上的一个女孩有好感，我处理的时候居然以孩子的分离为目的。虽然这件事情激发了男生的斗志，让他一直稳居班上第一名，可换来的结果是，三年里他居然没有再和这个女生说过一句话，也正因此，这个女同学默默地恨了我整整三年！我这是在戕害少男少女那纯真的心呀！想想自己在处理早恋的这条路上走得那么踉跄，回想起这种鲁莽的处理方式，真是一段可怕的旅程呀！

我把聚焦点放在了对孩子的成绩、对班风的影响上，这是一种多么短视而愚蠢的处理方式呀！真正深入孩子内心，对孩子身心发展有利的解决方式是，把孩子的成长放在第一位，从孩子最需要的地方出发。让孩子真正获得成长才是最重要的。

于是，我反复斟酌这件事：第一，准确掌握情况，明确他们究竟发展到什么程度了；第二，做孩子恋爱的分享者和分担者，把孩子的需要放在第一位；第三，不管是真是假，要教会孩子如何对看待爱，如何面对爱。

转变就在一瞬间。改变观念，就会改变思路。此时，我豁然开朗！

共情：我是感情建议者

第二天，我来到教室，看见柯红正在忙碌着。这是一个多么优秀的女孩。可这个孩子优秀的背后有着一颗沉重和矛盾的心。沉重是因为需要时时刻刻维持自己优秀完美的形象，矛盾是因为内心有着一颗不羁的心灵。这样的心境，导致她想找一个出口，找一个能让自己的心灵栖息的地方。面对这样的孩子，最好的办法是做孩子的知心朋友，真正理解她，给她一个宣泄的出口。这样想着，我发现自己完全释怀了。

我轻轻叫了一声："柯红，到外面来一下，好吗？"孩子低着头，默不作声。我轻轻说："今天，老师只想告诉你，我更愿意当你的朋友，你的死党。"柯红一愣。

我微笑着继续说："其实老师也是从你这个年龄走过来的，也经历过青春年少轻狂，也懂得女孩的那点小秘密。"柯红抿嘴一笑，孩子没有拒绝我，我接着试探："你是不是觉得和他在一起，有时候特快乐，有时候特烦恼，有时候又特矛盾？"孩子使劲点了点头，惊讶地看着我。我趁机又说："其实你也很烦恼，想好好学习，但又控制不住要去想他。仔细想来，又没有发现他有什么特别吸引人的地方，但就是觉得他好！"孩子睁大眼睛："老师，您怎么这么了解我？"

"因为我把你放在我的心里，所以一直很关注你，当然了解你啦！"我认真地看着她，"所以我很愿意分担你的烦恼，能和我分享你心中的苦闷吗？"孩子的眼泪顿时像决堤的河流涌出，她一股脑儿地把和刘军的故事向我倾诉。我认真地听着，像一个闺蜜一样理解她，并顺势给她提了一些小建议。这是一个单纯的孩子，更是一个用情至深的女孩。

"你觉得这样下去你们有结果吗？"我把问题抛给她。孩子沉默了一会儿说："老师，我知道没有结果，也从来没有想过，会把他当作结婚的对象。只是，我真的无法控制自己不去想他。"也许每个女人在面对感情的时候都是脆弱的。

"傻姑娘，你看，你和他，你肯定付出得更多，你要真想真正拥有他的爱，就不要盲目爱得失去了自己。男人都是有征服欲的，越是得不到，越是想得到，我建议你努力提高自己，把他吸引过来，而不是去乞求过来。你看你俩每次闹矛盾，都是你主动，你要是以后真能够和他在一起，那你的日子还真是难受。"

"老师，那我该怎么办？"

"'两情若是久长时，又岂在朝朝暮暮。'要是你想你们的爱更长久，那你就得努力提高自己。如果有一天，因为这件事耽误了你的前程，你说你会甘心吗？所以把这段爱，暂时封存起来，把精力用在学习上来提高自己，把他也激励起来，为你们的将来奋斗！"

"老师，实话跟您说，暂时封存，我真的做不到！"真是一个为爱痴狂的孩子啊，一个内心对爱太过狂热的孩子！

"把一切交给时间。如果你们的爱能经历时间的考验，那才是真正的爱，选男孩要选有责任心能担当的人。如果他对你是真心的，他也应该为你们的前途一起努力。如果你们经历了时间的磨砺，很多年后你们还能走在一起，我会为你们祝福的！"

我感觉得到，孩子已经完全信服我了。趁热打铁，我准备再和孩子聊聊女人的私事。其实孩子没有大人想得那么复杂，没有我们所说的开房事件，她甚至和我聊了他们的很多私事。"傻姑娘，作为女人要懂得保护自己，要有自己的底线，最珍贵的东西不要轻易失去。女人要有自己的尊严的，不然到时候，你会经历很多自己终生都无法弥补的悔恨！"

我把文章《有些恶总能被善解决》发给孩子，让她看看。她看完后说："老师，您放心，我不会傻到这个地步的！"

我了解她，更信任她："嗯，老师相信你！"

信赖可以创造一切美好的世界！

尾声：把成长放在第一位

第三天，刘军家长打来电话，说孩子想通了，愿意回来上学了。我心里一阵窃喜，既然愿意回来，说明他想明白了，正好可以了解他的真实想法！想想此时的他们，又想想如果我处在这个年龄，面对别人的反对会是什么样子的：只要有人反对，就会牢牢抱成一团，固执于自己的观点；对于反对者，心里始终回荡着一个顽劣的声音——不管你怎么说，反正我就不按你说的做！

回想起孩子走的时候桀骜不驯的样子，这个年龄的孩子情绪变化真大。最为关键的是，应该是想在柯红面前维持自己男子汉酷酷的一面吧！我要赶在刘军回来之前，了解他的所有，于是我把他身边的朋友一一找来谈了一次心，了解孩子的情况。

当我们把自己的位置放得很低的时候，他们真的愿意倾其所有和老师交流。刘军回来了，我轻轻叫他坐下。我让家长暂时回避一下，和刘军促膝长谈："刘军，老师现在明白你那天为什么要走，是因为柯红在身边，要维持自己男子汉的形象，对吧？"刘军抿嘴默认。

"刘军，你看你走的这两天，你的好朋友都不高兴，能有那么多朋友挂念，说明你还是一个有魅力的人。"刘军变得不好意思起来。"一个有魅力的孩子，也容易得到异性的青睐，这很正常，能和我分享一下你和柯红的故事吗？"刘军居然腼腆地笑了一下，谈了和柯红的交往，我低头不语，专注倾听，此时还有什么比倾听更重要呢？

在这件事情上，刘军明显没有柯红投入，也的确没有大人所传言的开房事件。听完后，我问刘军："你想过你们之间的未来吗？"孩子摇摇头，说："我以后还是想和她读同一所学校！"

"既然这样，您觉得你现在能考上吗？一个男人最为重要的是责任和担当，而不是任性，他要是真正喜欢一个人，就会想方设法为对方的将来考虑。你觉得你现在对她产生影响没有？"刘军想了想说："确实产生了影响，让她不能安心读书！"

"对了，你想，这样下去柯红能考上吗？柯红是一个很要强的女孩，要是她没有实现自己的理想，你觉得她会甘心吗？你这样做叫对她好吗？真正的爱，是成全，而不是一时拥有。"刘军若有所思。

"如果你要真的为她好，那就给两个人一个宁静的空间，为你们的未来努力。一个男人愿意比女人差吗？"

"当然不愿意！"

"其实你们两个都是内心很要强的孩子，都想维持自己好学生的外表，但又想给自己找个出口。正因为心灵的荒凉，彼此又精神相通，就走在了一起。这只是冷落空间的一个填补而已，这根本不是所谓的爱，只是简单的吸引罢了。"我继续分析着。

　　"老师，您的确说到我心坎里去了！我真没有怎么投入。我觉得，应该给她一个空间，我是能做到的，万一她来找我怎么办？"孩子能这样对老师说话，证明他真的信服你了。

　　"你是男人，应该知道怎么克制自己，也懂得该怎么处理的。记住，男人最重要的是责任。你会处理好这件事的。"刘军使劲点点头。谈话结束前，我同样让他看了《有些恶总能被善解决》。

　　孩子说："老师，您放心，在这件事情上，我懂得怎么克制自己，因为人和动物的区别，就是人更理智！"我惊讶，更感动，能以男人的身份和我这个当老师的讲话，证明孩子真心把我当朋友了，还有什么比这更珍贵的呢？把一个伤痕累累的孤舟搁浅在心灵之门外面，那他永远也无法驶进你的港湾。

　　后来，我把两个孩子的朋友叫过来，希望大家能给他们一个安静的环境，让他们都冷静下来，同伴躁动的心会影响到孩子的心境的。

　　我知道，这件事还没有结束，我需要让孩子们明白什么是爱，这应该是孩子们的人生必修课，我有责任让他们学会如何区分，如何对待！

　　这是一场剧烈的翻滚，曾晃起我内心的疼痛，我真庆幸自己能及时觉醒过来，在处理早恋事件面前，我变得更加小心翼翼，恪守自己的初衷：把学生的需要放在第一位，把孩子的成长放在第一位。唯有如此，我们的教育，才能成为孩子心中最美的一抹斜阳！

52　耐心：我就是不想上学

孔子有云："知之者不如好之者，好之者不如乐之者。"可是，偏偏有孩子不喜欢学习。随着自媒体时代的发展，也许每个班级都会遇到这样的情况，面对这样的孩子，我们怎么办呢？

初次相遇：我感觉会有故事

这个孩子我暂且叫她 L。第一次见面，我觉得这是个蛮有灵气的孩子。可是孩子的眼神里始终有种闪烁，邪邪的味道。俗话说，眼睛是心灵的窗户，能从眼神看清一个人的内心世界。以一个老师多年的专业眼光，我能感觉到这孩子将会有故事发生。

我第一次给孩子妈妈打电话，和孩子妈妈交流："这孩子冰雪聪明，但是这孩子也像股票，有时暴涨，有时暴跌，关键是我们家长和老师怎么去面对了。"孩子妈妈连连称是："老师，我们家孩子，要是她认真学习，真的是一棵好苗子。"我浅浅一笑："您放心，我会好好待她的。"说这话时，我是发自真心喜欢这孩子。

我喜欢工作具有挑战性。教育问题越难，越考验一个老师的专业素养。越是特殊的教育难题，越促进一个老师的专业成长；虽然这样的过程充满磨炼，但是，我却愿意享受教育"痛并快乐着"的体验。

出现问题：我不想上学了

开学两周，第一周还有新鲜劲，第二周开始厌倦，孩子就出现问题了。慢慢地，各种问题开始暴露。中秋节一过，孩子就开始和家长闹不想读书。

我有足够的思想准备，因为在第一天我已经有预感：这孩子会闹不读书。这么多年来，遇到的这样的教育案例比较多，可是不同的家庭，最后的结果不尽相同。

孩子妈妈开始有些焦虑起来，孩子开始不想做作业，不来上学。我告诉孩子妈妈："等孩子来了，我找她聊聊。"

果然，孩子在家里休息了一周后，来学校了。

我找孩子聊天，了解到孩子受到了很多不良思想的侵蚀。孩子说："老师，我以后反正都要读职高，这几年就是混。"我有些惊诧，这孩子怎么这样的想法？

"你的成绩可以考更好的高中啊，为什么不给自己更多机会呢？"我笑着和孩子交流着。

"多考上一个学生你们老师可以多些奖金，你以为我不知道？"

我更加惊愕，怎么这孩子会有这样的思想？

"孩子，人一辈子不是像你想的就是为名利而活，人可以为信仰而活，这样的人生更有意义。"也许孩子现在不明白，但是人生一辈子活着的意义，我可以跟孩子多交流。

这一次谈话宣告失败，我心里有些怏怏不乐。孩子毕竟是孩子，我不能和孩子一般见识，她需要改变自己的认知，知道人生的意义。

发生冲突：我就是不听话

孩子仍然是有时上学，有时不上。

孩子家长也表示很无奈，没有办法强制要求她来。唉，最无力的事情就是家长对孩子完全是失控状态。

周一，孩子来上学了。上午太忙，我没有时间，打算中午再和孩子谈一谈心。

中午放学后，孩子坐在位置上，不去吃饭，教室里还有几个孩子。我有些惊异，问："你们怎么不吃饭？"几个孩子有些不好意思。

"同学们，不吃饭，按班级公约是要请客的哟。"我戏谑地说。

几个孩子扮扮鬼脸，急忙跑出教室吃饭去了。L仍然坐在位置上。

"L，你怎么不去吃饭？"

"我想干什么，关你屁事。"L开始爆粗口，鼻子哼哼着。

我突然脑门上火，但还是极力抑制住："并非不关我事，是学校赋予我这个责任来管理大家。"

"呵呵，我就是不听话，不要谁管，怎么样？"孩子挑衅地说。

"我不和你计较，我是老师。"我自找台阶，可是心里很是伤心。

"老师，按班级公约，少数服从多数，我这个少数可以不服从多数吗？"孩子还是不屑一顾的样子。

"任何事情都是有规则的，我们在一个集体中，集体也是有规则的。我们需要遵守学校和班级的规定。"我努力和孩子沟通着。

"我可以不做作业吗？"孩子继续说。

"学生的首要任务就是学习，怎么可以不做作业？不然其他同学跟着学，怎么管理呢？"我一直坚持着《正面管教》里的观点：温和而坚定。

山重水复：我还是不想上学

孩子又有几天没有上学，我和孩子妈妈交流时，能感觉到妈妈的焦虑，还是无能为力。这件事已经不是小事，我必须和领导汇报。我把孩子的所有情况一五一十汇报给领导。

后来，孩子突然给我来信息，我和孩子聊了一下。

L：吴老师你好，我是L。因为年龄不够，我暂时上不了职高，现在在初中里面呢，就只是混个年龄。我不想写作业，除了这个其他的纪律我都会遵守的。去读职高，我和我父亲是达成了共识的，就是我母亲还未同意。我现在呢，还在劝她，她同意了，我就去读职高。

我：孩子，你这么小，为什么就不想想自己更好的人生和未来呢？我们在该奋斗的年龄选择了安逸，以后在该安逸的年龄会加倍还回来的。

L：我想过的，我宁愿这几年快乐一点，辛苦后半辈子。

我：决定读什么学校，由你和父母决定，吴老师不能为你做选择。但是，我作为老师，可不希望我们L自暴自弃。

L：我现在在普中只是想混个年龄，纪律方面我也会遵守，我想申请一下不写作业。

我：当学生怎么可能不做作业？哪怕你读职高也是会有作业的。学生不做作业就像农民不种地，医生不看病，老师不教书一样，那是自己的本职工作。

L：职高一般都没有作业的，除了高考班。说实话呢，我也不想当学生的，每天去学校也只是为了混个日子啥的，我觉得这样根本就没有意义呢。

我：可是我们基础教育的学校不可能不做作业的，这是基本的底线。做任何事情都是有底线的。读书是自己的义务，我的L妹妹。

L：九年义务教育我也知道的，虽然我有这个义务，但是我可以选择另一条路。吴老师有空的时候可以帮我联系一下职高那边吗？

我没有答复她，我作为老师没有联系的义务，我也不可能那么做的。关于这件事，我和孩子妈妈交流了我的想法。

不久，孩子来学校了，学校领导也教育了孩子。可是，一个不愿意醒来的人，任何人都拉不起来。

果然，孩子上学了一天，位置又空了……

出现转机：我来帮你想办法

可是后来发生的事情，给孩子带来了彻底的转机。

一天，一学生问我："老师，你们班L来上学了吗？"

"怎么？"

"她小学五年级就开始这样了。她告诉我们，她以为在家里可以好玩一些。没想到，她妈妈不给她零花钱，她说不好玩。"

妈妈已经开始采取行动了，这件事，家长必须亮明态度的，不然妥协下去，只会越来越恼火。

有些事情需要等待，需要孩子自己想明白，悟明白，教育不是那么简单的事情，我们需要等待孩子的顿悟。

孩子来上学了，我小心翼翼地呵护着她的每一寸自尊。

我跟全班交代："同学们，有的同学因为一些原因，暂时在上学上有些障碍。大家不要围过去问东问西，我相信如果你们遇到问题，也不希望别人来打听的。"

中午，孩子来找我，有些羞涩："老师，我来例假了，衣服有点脏。我想回去。"

"我看看。"孩子衣服上有一些斑点。

"不要担心，我来帮你想办法。"我告诉孩子。趁着孩子们午睡的空当，我跑回寝室，给孩子带什么衣服呢？中学生爱美，需要流行的，但我毕竟是大人，很多衣服不适合。我把柜子翻了个遍，终于找到一件新买的卫衣和一条黑色运动裤，还有卫生巾，又急匆匆地跑回教室。

教室里全班都在午睡，我蹑手蹑脚地走进教室，示意孩子出来。

"给，拿去穿吧。"孩子脸上有些惊异，继而不断摆手，"老师，不用，真的不用。"

几个来回，孩子执意不换，我也不再强求。我把衣服放在教室的角落，说："我把衣服放在这，你要是需要随时拿去换就是。"孩子低着头，但是不经意间，我能看到孩子脸上许久没有露出的微笑。

我顺势从兜里拿出一颗糖来，很轻松地递给孩子："拿着，吃颗糖。"孩子脸色微红，羞涩地接过去。

晚上，孩子妈妈发来短信："吴老师，这么晚了打扰您休息了，孩子今天回来很开心，拿了一颗糖给我，说吴老师给的。还有您去宿舍给她拿衣服，在班上让同学不要问她这几天不在的原因，点点滴滴孩子都很感动。"

看着这样的短信，我辗转反侧，夜不能寐。作为孩子妈妈，她是焦虑的；作为孩子，L 还是淳朴的，又是幼稚的；作为老师，我期待孩子的改变。可是，教育毕竟是个漫长的过程，孩子像今天这样，绝对不是一天两天养成的，所以我从来不指望用一次爱的教育就能感化和改变什么。也许有的错误就是成长中一次懵懂的无知，一次青春冲动的叛逆，可越是如此，越需要耐心，需要等待……

回环反复：我随时欢迎她上学

L上学坚持了两天，位置又空了。

没过多久，孩子发来微信："老师，我想办休学。"

"休学，得真正生病了，需要休息三个月以上，并且需要三甲以上医院的证明。"

没过多久，孩子说："老师，我要来请假。"

没过多久，孩子又说："老师，我要来上学了。"

我回答："上学，老师随时欢迎你。但是，作业该完成的要完成，纪律该遵守的要遵守。"

孩子来了，可是，仍然不做作业也不遵守纪律，自己想走就走了。

我看在眼里，急在心里，我不知道这孩子还要折腾多久。

后来，孩子又来了，看来这个事情必须快刀斩乱麻，不能这样下去了。哪怕疼也要好好疼一次。看着孩子那萎靡不振的样子，我心里一阵酸楚。那么漂亮的一个女孩，就这样放弃自己，我心疼得厉害。

我斩钉截铁地说："这次，不管妈妈有多忙，必须到学校来我们一起说个清楚，你到底要怎么样？"

"我妈要上班，没有空。"孩子还是一脸不屑地说。

"你看你哟，这怎么像外面操（混）社会的？"

"你怎么说我操社会？"孩子有些愤怒。

"你现在这个样子就不是一个学生的样子，这就是操社会。"我语气变得强硬。

"锤子个操社会。"孩子开始爆粗口。

"你看你哟！"我仿佛已经听到心碎的声音。

"你把我妈找来，把我接回去吧。"孩子仰着头说。

过了一会儿，她的妈妈来了。满脸憔悴，可怜的妈妈，为孩子的事情已经心力交瘁。

"我觉得我们作为家长，是不是在读书这个问题上需要态度强硬一点了？"我隐晦地表达。

"就是啊，我的很多朋友也都这么说。"孩子妈妈说。在读书这个问题上，家长的态度至关重要。

"妈妈，我要回去，我要读职高。"孩子还是桀骜。

"如果她真想去尝试一下，我们家长就让她去尝试一下，也许她尝遍了所有的事情，就会想明白的。"这也是没有办法的办法。有时候喜欢折腾的孩子需要折腾完所有事才会回头。

"万一，要是职高也没有读好……"家长有些担忧。

"你放心，我随时都会欢迎她来学习的，不管她变成什么样子。"我看着孩子妈妈，坚定地说。说这话，我是真心的。读书本就是孩子的权利，更重要的是，不管作为母亲还是老师，我能感同身受家长的担忧和想法，所以，我是发自内心地接纳这个孩子的。在心灵深处，我是很在乎这个孩子的，可是她的叛逆，让我真的伤心了。

柳暗花明：希望再给我一次机会

也许这一次，真的成了孩子的一个顿悟点。

我在孩子面前亮出底线：如果要请假，必须家长签字；如果回来上学，必须和监护人说好。

我也能感觉到 L 的妈妈变得越来越强硬。

第二天，孩子妈妈发来短信："昨天，我给孩子提出了一个要求：做一名合格的中学生，按时上学，放学，认真完成作业，尊重师长。她不完全同意。所以今天没有到学校来。"

"我们始终坚持一个态度：温和而坚定。"我和孩子妈妈交流着。

后来，孩子微信上找我："老师，我真心想好了，这次会好好学习。"

"不要把学校当茶馆酒馆。"我变得比以前强硬。

"老师，这种事情以后不会发生了。"

"用行动证明，而不是语言。"

"希望老师再给我一次机会。"我没有回复，我需要孩子的行动，机会我已经在心里默认了。因为，我从来都没有放弃过你，L，你知道吗？

果然，这次孩子回来，我从眼神都能感受到她的改变。当一个人精气神不一样的时候，当一个人思想改变的时候，一切都会变。

我抓住机会，情不自禁在班级表扬："你看我们L，现在变得越来越好啊。"

晚上，我和妈妈商量，晚上在家里补习功课，白天在学校我多多关心她，关注她。

遇到学习上的问题，我尽量给孩子找台阶，我相信这个孩子一定会追上来的，一定！

从量到质：源于日复一日的关爱与静候

我很是惊喜，也很感慨，看到这样的一个孩子，最后终于走上正轨，我不禁喜极而泣。

中午，我找孩子谈心："你怎么突然就想明白了？"

孩子嗫嚅了很久，告诉我："老师，其实那天在路上的时候，我看到外面走着的都是老人、小孩，没有我这样的人，然后……"

我心里一阵酸楚："是啊，当我们在奋斗的年龄选择了安逸，我们的人生还有什么意义呢？我们需要给自己的人生加一个意义。我相信你的能力，你不应该是现在这样，你有更大的潜能，你应该有更好的人生。"我和孩子从人生谈到学习，从学习谈到近期的目标。

"看到你现在积极的样子，我感到很欣慰。"我背过脸，我的眼角已经浸满泪水。还好，孩子要跑去上音乐课，没有看到我的窘相。

回想走过的历程，也许一件事可以改变孩子的看法，可是改变的背后，是日复一日的关爱与等候。有这样一个故事：有人买了十个馒头，吃了九个都没有感觉，第十个他吃饱了，这个人说，早知道如此，我就不吃前面九个，只吃第十个。其实，关键的力量，恰恰蕴藏在前面九个里。

云开日出：我们家长也在提升

为了孩子的改变，我和孩子妈妈从来没有间断过沟通和交流。在交流的过程中，我感受到自己在不断地调整步伐：尽量适应孩子；同时，我也能感受到孩子妈妈在不断变化——从束手无力、迁就退让，到慢慢坚持原则，再到自主学习，和孩子一起成长。我真佩服这样的妈妈。当孩子出现问题，对我们大人来说，是磨炼，更是一次成长的蜕变。

我再一次很是兴奋地和孩子妈妈聊着："L妈妈，我真的觉得我们L这段时间状态很不错，完全是变了一个人，人也变得精神了，敞亮了。我很好奇，您用了什么绝招？"

孩子妈妈回复："其实，我也有责任，没有在初期做好工作，调整好她的情绪和心理。她老是埋怨我的语言有点多，啰唆。后来，看了好几本青春期方面的书，比如《不管教的勇气》《叛逆不是孩子的错》《正面管教》《解码青春期》等，天天学习。"

瞬间，我的心融化了，立马把L妈妈分享的书分享到家长群，并附上："各位亲，想改变自己的孩子，我们先要学会改变自己，父母是孩子第一任老师。班上有一个同学，我觉得转变非常大，因为妈妈也在跟着成长学习。为跟着孩子一起成长的家长点赞！我相信：慢慢地、慢慢地，这样的家长会越来越多的。我仿佛看到了那一天。"

发完这段文字，我不禁潸然泪下。一起走过的旅程啊，经历了多少山重水复，终于等到柳暗花明的一天……也许孩子还会反复，可是我不惧，不忧，不急。因为这才是，真实的成长！

53 共育：遭遇没有安全意识的孩子

带了次新初一，每天都有不同的情况发生，遇到的问题很是棘手。一个个孩子来自不同的家庭，他们的故事也不尽相同。

这不，下午开完会，班上的 HM 同学捂着脸，来向我请假："老师，我想去医务室。"

我有些诧异，孩子低低地说："我的鼻子被 L 用乒乓球拍给扇了。"

我连忙凑过去，孩子放开捂着的手，鼻梁上有一条红红的小口子。我心里一紧。现在中小学对安全问题那可是"谈安色变"，只要有一点点风吹草动都紧张兮兮。当然，我从来都觉得一个人的生命安全比什么都重要，所以在班级中生命与安全教育我都是放在第一位的。

"怎么又是 L?"班上好几次意外伤害都和他有关。

L 这孩子，别看是男孩，说话从来都是细声细气，后来一了解，这孩子是外婆一手带大的。

了解 L 的故事，是从孩子小姨那开始的。记得开学没几天，孩子的小姨和妈妈一起来的。家长会之后，孩子的小姨一直等着我，欲言又止，最后悄悄告诉我："老师，我家 L 他家里去年发生了一件大事，这孩子本来有个姐姐，但是因为期末的时候考试考得不好，在家里自杀了。所以我们就很担心这个孩子……"啊，怎么会这样？这个孩子会不会这样？各种问题一股脑儿涌上心头。安全第一，学习好不好都是其次，关键是孩子的生命安全。瞬间我似乎明白了什么，却又有诸多疑惑。

每次我和 L 谈心的时候，都会有意识地进行安全教育，特别是生命安全教育。他很乖巧，只要老师安排的事情，都愿意抢着做。学习上，则显得有些吃力，但是，冰冻三尺，非一日之寒，不是一天两天累积成这个样子的。

可是，后来发生的事情，让我感觉到这个孩子在安全意识上有些弱。

一次是和班上的 ZHB，两个人在奔跑的时候，他撞到了 ZHB 的腿，一下就把人家的膝盖骨撞出了问题；另一次是和班上的 WY，两个人在走廊上奔跑，WY 被撞倒了。后来调查，据说不是他撞倒的。可是我感到很蹊跷的是，这两个偶发的安全事情怎么都和他有关？

有一天，L 的小姨打电话问我："吴老师，L 是不是没有上学？"

"是的，他妈妈给他请假了。"

"吴老师，你不知道，他爸爸妈妈打孩子可是真狠啊。可不可以申请监护权转让？如果可以，我愿意接收这个孩子。我真怕这个孩子走他姐姐的老路。"

"这孩子的爸爸妈妈是亲生的吗？"我有些疑惑。

"是亲生的。"小姨肯定地说。

我就奇怪了，亲生的怎么会这样打孩子？

派出所的民警还找到我了解情况，原来父母打孩子，外婆报警了。

慢慢地，我了解到：原来这孩子从小是留守儿童，爸爸妈妈在外挣钱，一年一般回来一个多月。今年才回来和孩子一起朝夕相处。这样的孩子还没有和爸爸妈妈建立起亲密关系。所以，孩子周末晚上住在外婆家，没有回家，还和父母倔，最后被狠狠打了一顿。

不久，我突然发现孩子的脸上有明显的抓痕，我摸着孩子的脸，实在心疼，一个男孩子的脸弄得如此狼狈。

原来，孩子做了一个多小时的作业，有一道题没有完成，当孩子妈妈走过来想看看孩子的作业时，孩子本能地把作业蒙上，不让妈妈看，妈妈一气之下，把本子撕得粉碎，母子俩扭打在一起。

爸爸给我看过他和孩子小学六年级的老师的聊天记录，大体内容是孩子的基础只相当于小学二年级水平，外加上外婆溺爱孩子，老师不敢管理。

我问过孩子，爸爸妈妈的优点是什么，缺点是什么，孩子评价：爸爸妈妈的优点是给我做早饭，缺点是有些暴力，我期待爸爸妈妈对我温柔一些。

他是一个善良的孩子，对父母的要求并不苛刻，他需要的仅仅是父母的温柔以待。

我理了理这个孩子的各种关系：（1）孩子从小和外婆一起生活，所以感情最深。外婆作为老年人，溺爱孩子，只是管好孩子的吃住，学习和思想教育上没有办法跟进。（2）父母因为没有长期陪伴在孩子身边，和孩子并不亲近，所以孩子根本感受不到父母的爱。而父母有对孩子的要求，却没有陪伴孩子的耐心，所以用暴力解决问题，最后适得其反。（3）孩子的小姨作为外婆的女儿，情感上是向着自己的妈妈的，这是人之常情。小姨有教育的想法，却远在广东，山高地远，毕竟不是孩子的父母，所以也只能望尘莫及。

所以，孩子唯一的心灵依靠就是外婆，可是外婆毕竟年老体弱，无法给予他成长的需要。孩子从小没有父母陪伴，没有建立起与父母的安全感和与外界的安全感。

一个心理上没有安全感的孩子是无法建立起安全保护意识的，所以这个孩子在脑海里自我保护和保护他人的意识是空缺的。一个孩子空缺的东西，我们怎么可能要求他懂得？

怎么办呢？我们每一个角色争取做到如下标准。

1. 老师：用学校的温暖给孩子安全。

作为老师的我，对不同孩子有不同的要求。让孩子做能做到的事情，只要做了，就是进步；只要有成长，就有亮点。孩子的成长第一位，我不断地告诫自己。同时多给孩子展示自己亮点的机会，让孩子获得成就感，引导全班的同学一起帮助他，从集体的角度给孩子温暖和快乐。

2. 父母：足够耐心建立亲密关系。

我和孩子父母约定，不要再用暴力对待自己的孩子，没有耐心的教育只会南辕北辙。作为父母的我们，不要和自己的孩子争高低，不然最后两败俱伤。我们先各自退一步，不管如何都不要动手，燃起战火，再来修复，难度更大。同时建议外婆尽量放手，孩子的人生需要自己把握，小姨则尽量和孩子父母多沟通。

3. 孩子：懂得为自己负责。

我告诉他：增强自我负责的能力，学会未雨绸缪，把安全意识作为人生的第一保障。学会与父母多沟通，告诉爸爸妈妈自己的迷茫和困境，告诉父母自己要做什么，多一些同理心。同时，和自己挑战，和自己比，每天进步一点点，比如针对自己拖拉的毛病，慢慢学会定时做作业。

4. 全班：创造有安全感的教室，增强安全意识。

这件事，既然和安全有关，不妨用集体的氛围帮助孩子养成安全意识。那么，我需要在班里做好安全方面的规范，于是我和班级孩子们一起讨论出"安全十公约"：

（1）校园内外，课间不乱跑，不拥挤，不抢道。

（2）上下楼梯，要谦让，行走靠右，保障畅通。

（3）行至拐弯处，或者走廊较窄的地方，慢慢行走。

（4）不跑不跳稳步走，保持距离不推拉。

（5）下课不打闹，不恐吓同学恶作剧。

（6）玩耍游戏，时刻谨记，安全第一，不伤害身体。

（7）不做危险的游戏，玩耍前先衡量。

（8）遇到同学有纠纷，及时劝解拉开。

（9）不要趴在走廊上，撞倒摔倒要避免。

（10）不从楼上扔东西，安全意识记心中。

唯有家校共育，才能帮孩子真正建立安全感。一个有安全感的孩子，才能真正体验到学习与生活的快乐。

54 唤醒：助学生驾驭自己的情绪

一

班上有一个孩子叫左刚，是一个思维灵活、头脑聪明的孩子，成绩一直比较优异。但这个孩子，心理比较脆弱，情绪一直不稳定，老是喜欢对同学发脾气。这不，同桌又来告状："老师，我实在是受不了了，他为一点小事就在那儿大发雷霆。"

对这种情绪上有波动的孩子，我总是和风细雨地、小心翼翼地交流。

"左刚，你这是怎么啦？是不是最近有什么不高兴的事情呀？"

"我就是这个样子，老师，你又不是不知道。"左刚不冷不淡地说。我心里一阵叹息，对什么都漠不关心的孩子其实是自尊心挺强的孩子，所以我一直是小心翼翼地保护着他的自尊。

"那好吧，如果你愿意告诉我的时候，你再和我交流吧！"当孩子不愿意和老师交流的时候，我不能强求的。

二

后来，左刚主动和我交流了一次。孩子说：爸爸暂时没有工作，妈妈一个人出去工作，看到妈妈带病工作，对爸爸就又气又恨。听到这些叙述，我真为这样一个有孝心的孩子而感动。我简单地教给了他一些控制情绪的方法，也主动联系了孩子的爸爸妈妈，把孩子最近的情况告诉了他们，让家长尽量在家庭中少影响孩子的情绪，多关心孩子。

那一段时间，孩子表现上果然有了一些改进。谁知，好景不长，才一个星期，班上的英语老师就告诉我："吴老师，左刚这孩子，你不知道，上课一直把手放在自己的裤包里一声不响，上次考试的卷子都不知道放哪儿去了。好像课堂与他无关似的。"

不一会儿，数学老师也说："左刚这孩子，上课心不在焉的。"

我长叹一声，看来我的教育只是打了一个外围战，并没有深入他的内心深处。我并没有深入地去帮助他分析自己的问题出在哪儿，帮助他认识自己的不足，所以导致每次遇到问题，他总是从外界找原因，包括情绪波动。看来上次左刚说的家庭的原因只是一个很小的导火线，而关键还在左刚自身。

原来"他育"永远只是外力。这种效果只是暂时的，不会长久的，而真正的教育应该是自我教育。我意识到自己的工作出现了漏洞，琢磨着如何对他进行一番教育，帮助他认识"自我"，同时又能让他发现自己的潜能，从而激励他积极上进。

三

于是，我决定出奇制胜。正好，这一天左刚的语文听写又没有订正，我故作镇定地说："左刚，你听写怎么回事！怎么没有订正呢？"

"我昨天没有时间记，今天也不想订正。"

我心里暗喜。"那好，既然你没有订正，你就应该把听写订正了再走，今天我就等着。"我故意拿出一副要和你硬碰硬的架势。

左刚坐在位置上纹丝不动，认为我还会像以前那样和风细雨地谈心。"左刚，我今天就是不吃饭了，也要等你写了再走。今天我真的要治治你了。"我偷偷瞥了他一眼。

时间一秒一秒地在流逝，我装作若无其事。慢慢地，左刚有些慌了，只见他忽然从座位上站起来，嚷道："你凭什么这样对我？其他同学，你为什么不当着全班的面说？你偏偏不给我面子，你考虑过我的感受吗？"

他果然火了，我要的就是这样的效果。我故意提高声调，"啪"的一声重重地拍在他的课桌上，故作生气地说："那你考虑过我的感受吗？老师一直小心翼翼尊重你的感受，但你是怎么对老师的？你考虑过班上同学的感受吗？你只要不高兴就对他们发火，你考虑过其他同学的感受吗？你考虑过你父母的感受吗？"我要唤醒他，让他清醒地认识自己究竟是怎样的一个人。

果然，左刚从来没见过老师对他这样生气，一下子大惊失色。我不失时机地告诉他："你，好好想想，你这样做，是不是在伤害你自己的同时，也在伤害你身边的人！"与其说有意而为，不如说我是情不自己，看着这样一个不能正确认识自己的孩子，我只能用激将法了。

"老师，我喜欢有人帮助我，关心我，要是有一段时间没有人关心我，我就觉得心慌。"唉！看来这孩子老是把希望寄托在别人的身上。强大的外表包裹着的是一颗脆弱的内心。他需要内心的强大。对别人发火，故意消沉，原来都是为了吸引别人的注意，这才是孩子出现问题的根本原因呀！

"孩子，靠山山倒，靠人人跑，你不可能靠我们永远来提醒你。老师也好，父母也罢，我们不可能提醒你一辈子，你得自己站起来，学会给自己信心，让自己去反思，找到自己的弱点，有意识地去改正，你才能真正得到身边的人的喜爱和关注！一个不会热爱自己的人，能得到别人的热爱吗？"

"老师，我不会成功了！我改不掉的。"孩子表情有些黯然。

"孩子，其实一个人改变就在一瞬间，只要你思想上有强烈的想改变的意识，并相信自己，改变就在眼前！不信，你试一试！"左刚使劲点了点头。

我深知教育不可能一劳永逸，我只是想先改变他的观念，引领他进行自我教育、自我反思。

四

后来，我和他约定用日记的方式来管理自己。从孩子的随笔中果然看出他的思想改进。

消极走进我的青春

　　我的人生为什么最近老是充满悲哀？窗外的黑雾仿佛就是泥水，永远只会被别人践踏。而我就是个消极的人，不会有积极的心态面对一切！

　　我渴望成功，但是每一次的结果都会让我失望，消极也产生了。在我眼里，消极是可悲的，让我变得懦弱；消极是可怕的，让我变得自卑；消极是凄凉的，让我变得无知。

　　我被消极所打败，从前的积极心都去哪儿了？是不见了，还是飞走了？悲哀和痛苦随着消极的脚步慢慢逼近！但是，从现在起，我已知道消极的路是短暂的，是狭窄的，只能容下一人的心胸；积极的路是长的，是宽阔的，可以容下很多人的心胸，就像一望无际的大海那样宽阔。

　　消极，只是一个敏感的词，关键是靠我自己，我相信，总会有那么一天，我会用我的努力来击败它的。那时，窗前的一切一定会是美好的，幸福的，黑雾早已消失得无影无踪了，树也绿了，水也清澈了，身边的一切都是繁荣的，消极的变成积极的。即使说消极走进我的青春，那也是一条路，它长了，它宽阔了，我的人生也就顺畅了。

　　消极走进我的青春，只不过是短暂的，终有一天会过去的，生活变得积极，积极带来光明，黑色的烟雾被风吹走了，迎来的是清晰美丽的空气！

　　看着孩子已经意识到自己的状态，我不失时机地给孩子推荐了一本励志书《好心态　好人生》。我知道，这个时候左刚需要的就是自我调适。

　　据班上的同学反映：作为纪律委员的左刚，有一次管理班上一个不守纪律的同学，那个孩子故意挑衅，想激怒他，左刚没有搭理。后来这位男生还故意踢左刚的桌子。如果放在以前，左刚早成了发怒的狮子。没想到，他居然什么都没有做，只是义正词严地要求他遵守纪律。看来一个人内心强大了，一切事情都可以迎刃而解的。

可是，让我遗憾的是，这一次他又考差了。让我欣喜的是，他却不再像以前那样一蹶不振了。有孩子的一篇随笔为证。

蒲公英的启示

也许这是最后一次飞翔，但我仍然要用尽全部力量去完成。

——题记

街上，人们欢快地玩着。我独自一人在灰暗的路灯下走着。身旁的车来来往往地穿梭着，舞动起的风在这个寒冷的夜晚是那么凄凉，似一把把利刃扎进了我的心。我的心中就像演电影似的回放起今天老师发卷子的镜头——唉，这次我又考差了……我拖着沉重的脚步继续往前走，身后的路灯熄灭在黑暗之中……

渐渐地，热闹的大街变得冷清了，来来往往穿梭着稀疏的人影。只有点点的霓虹灯彩在微风中闪耀着微弱的光影。望着眼前冷清的一幕，一股疲惫涌上了心头。我停了下来坐在路边，呆呆地沉思着。这时一辆货车呼啸地开过，卷起的风吹醒了我，路边点点的白光起舞着，我认为那是萤火虫，伸出了双手，那白光竟然落在了我的手上。我摊开手，竟然是一朵蒲公英。我苦笑，笑自己蠢，竟然把一朵蒲公英当成了萤火虫。

这时，一阵风再次袭来，吹走了我手上的蒲公英。我望着它，笑它的傻，已经在生命的最后一刻了，竟然还想着飞翔。但那朵蒲公英依然在飞，直到消失在黑暗之中。

我缓缓地站起了身，内心突然一阵触动：虽然在生命的最后一刻，蒲公英却仍然没有放弃，仍然没有停止它那颗飞翔的心。而我，做了一些什么？

望着回家的路，突然觉得那么亲切，我的视线模糊了，既然选择了远方，就要义无反顾地奔跑，何惧那些困难痛苦，只要我有一颗永不停止的飞翔的心。

我奔跑着，同蒲公英一起奔跑着，一同奔向那前方的光芒。

一个已经懂得自我热爱、自我激励的孩子，我还能说什么呢？后来，我鼓励孩子在班上大胆进行演讲。没想到左刚在班上的一次微型演讲最让我感动：

大家好，我今天的每日一语是："Choice by heart, new choice." 意思是：心选择，新选择。接下来不妨一起来做一做数学题：a、b、c、d、e、f……z，对应的数值分别是1%、2%、3%、4%、5%、6%……26%。人的一生中有许多东西我们不舍得，也有许多对我们重要的东西，请同学们一一列举一下可以吗？（同学回答）对，同学们说得很对，对我们重要的有许多，比如：爱（love），l+o+v+e=12%+15%+22%+5%=54%。同理，好运（good luck）=88%，努力工作（hard work）=98%，还有很重要的金钱（money）=72%。上面列举的这些没有一个是百分之百的，那什么是百分之百的呢？猜猜！（同学猜想）其实是心态（attitude）=100%。对，我今天想要讲的就是心态，就是想告诉大家，好心态，好人生。放平心态就会有很多条路任你选择。无论怎样，一个人借故堕落，总是不值得原谅的。越是没人爱，越要爱自己，越要总结过去，调整心态，直面人生。成熟不是心变老，而是，当眼泪在眼睛里打转时却还保持微笑。时刻保持微笑就是爱自己！

好一个保持微笑，热爱自己！调动孩子热爱自我，唤醒孩子内心自我成长的需要，懂得自我激励，这才是教育的内推力！

55　剖析：遭遇撒谎迭出的孩子

晚上，刚回家，班上 R 的妈妈就发来微信："老师，我们家 R 到底交历史作业没有？她说她交了的，正在审问。"

看到"审问"两个字，我心里咯噔一下。我努力回忆着今天清理作业的情景——孩子站起来嗫嚅地说："我忘记了带回去，所以没有做。"于是，我以肯定的口吻说："没有交。我敢以人格担保，她当时还说她把历史家庭作业忘记带回家去做了。"

一个历史作业就让家长大动干戈，甚至我还要抬出"以人格担保"，R 到底是一个怎样的孩子？

初见的时候，孩子样子蛮文静，只是偶尔喜欢说点小话，这并不伤大雅。

可是后来遇到的几件事情，让我匪夷所思。

孩子听写喜欢作弊，她把听写的内容写成小条放在听写本下面，我和孩子谈过这个问题很多次了，什么作弊不好，影响学习、影响自己之类，可是收效甚微。

后来，我把这件事告诉了孩子的爸爸，孩子爸爸说："在家里也是这样的情况。"我有些诧异，孩子怎么会这样？后来我问孩子的小学同学，他们反映：R 小学时也这样，听写喜欢作弊。

后来我发现孩子喜欢撒谎。为了逃避什么问题，她都会这样做。

十几分钟后，孩子发来语音："吴老师，当时你问我的时候，我其实是有一道题没有做完，所以我跟你说我没有带回去，其实是没有做完。"孩子微小的怯怯的声音，引起了我的恻隐之心。我想：这个时候孩子发来语音，是不是孩子遇到什么事了？深夜了，此时我要做的是把事情缓一缓，让孩子度过一个平安的夜晚。

"这样吧，明天早上我们再一起问问历史课代表，我们再具体了解一下，好吗？也许是吴老师理解错了。今天晚上早点休息，好吗？"

其实我心里很清楚，孩子是在撒谎，可是一个撒谎孩子的背后，到底是什么样的故事呢？

第二天一大早，我来到教室问历史课代表，课代表很肯定地说："老师，她确实没有交。"我轻轻问孩子，她不说话，默认。

我瞬间明白，却又异常冷静。一个孩子撒谎的背后，有多种原因：有的是逃避惩罚，有的是想获得成就，有的是模仿大人，有的是为了和大人表示对抗。这背后的故事才是孩子撒谎的根源，我需要了解孩子撒谎的根。

于是，我和孩子父亲约好，在晚上见面聊聊。

下晚自习后，教室里没有其他人，只有孩子、她父亲，还有我。

我开诚布公地说："其实这个情况，你也知道了，我倒是觉得孩子的做人比成绩更重要，我想了解孩子为什么喜欢撒谎的原因，这才是我们如何帮助孩子的关键。"

孩子爸爸叹着气，有些懊恼："唉，老师，她是为了逃避我的惩罚。小时候，我一直对孩子期望很高，到小学三年级的时候，一旦没有考好，我就会很生气，甚至会打她。"这是一个对孩子期望很高的父亲。

"后来呢？"我继续问。

"三年级，我就发现孩子有这样的端倪，到五六年级的时候，我就对她有些失望，就没有管了，可是后来我就发现孩子有撒谎的习惯，唉……"

"您的严格可能无形中造成女儿内心的惶恐。她说谎是为了逃避难以承受的结果，并慢慢形成了习惯。"说完这话，我心里隐隐作痛，对于孩子撒谎最关键的是第一次的处理。在当孩子第一次说谎时，家长当作一件大事来抓，千万不能掉以轻心。因为孩子第一次说谎会感到不安，即使蒙混过关了也会心里紧张。如果第一次说谎没有得到及时纠正，孩子品尝到说谎带来的好处，就会由此产生再次尝试说谎的欲望，慢慢尝到甜头后，胆子会越来越大，谎话会越说越多，越编越像，最终就撒谎成性了。

"既然现在已经如此，就需要我们做老师和家长的多一些耐心和毅力了。我还是觉得我们可以为孩子做点什么。"我抚摸着孩子的头，怜爱地看着孩子。

这是一个上进的孩子，她一直期待能得到大家的肯定，任何事情的背后我们都能找到正面的一个点，所以我需要多多给她包容，给予她肯定，多一些理解，再感同身受地理解孩子，引导孩子，回归教育常识，蹲下身体看孩子，这是每一个教育者应该拥有的教育姿态。

我轻轻问："这次你真的交了吗？"

"我……交了。"孩子低着头，不敢看我。我能感觉到孩子内心的虚弱，这是一个可以教化的孩子，每一次说谎时，她都不会在我面前"打死不承认"，我对改变这个孩子充满着信心。

我清楚地记得，她每次撒谎，我轻轻问她，她都不会反抗，每次我看什么书，孩子都要去看，她有那么强烈的向师性，多么可爱的一个姑娘啊！我还因此送过她一本《在绝望中寻找希望》。

我问孩子："上次，那本书，看得怎样了？能和我分享一下吗？"

"那本书谈的是在我们遇到困难的时候，要学会分析，坦然面对困难，然后才能找到战胜困难的突破口。"

"真是一个很聪慧的孩子，既然我们知道寻找到失败的原因，就是突破口，我们要不要从今天开始，给自己一个突破口呢？"我轻轻地鼓励孩子。

我们需要给孩子一个突破口，需要给孩子一个接纳自我的突破口。我告诉孩子，信任都是有底线的，我们尽量不要破坏，不然修复起来是很难的。

我和孩子约定：只要不是杀人放火，犯错都是可以理解的。做一个真诚的人，坦然面对自己，接纳自己，才能走出第一步。

同时，我和家长约定：以后我们可以给孩子更宽容、更安全的环境，当一个人足够安全的时候，是不会用说谎的方式来逃避的。我们要给孩子定规则，惩罚孩子的目的是让她对行为负责，而不是为了发泄我们父母的情绪，带着情绪的惩罚或者暴风骤雨般的打骂，只会给孩子恐惧，甚至给孩子带来难以承受的心灵伤害，所以我们要做理智的父母。

然后，我们要建立孩子的自信，孩子喜欢画画，我和家长约定，从她最喜欢的特长入手，培养孩子自我的价值感。

　　最后，我和家长都要有思想准备：当孩子出现反复的时候，是正常的，反复了就重新引导，接纳、温和、坚定是我们做老师和父母的应有的姿态。

　　和家长、孩子交流后，夜色已深，初冬的夜晚显得有些凉意，冬天来了，春天还会远吗？明天又是崭新的一天，一切都是新的！

56　呵护：老师，我想自杀

"老师，我想自杀！"听到这话，我心里顿时毛骨悚然。在这个时常能听到学生跳楼新闻的时代，孩子这样告诉我，我该怎么办？

不逃避，正视问题

这个孩子，我就叫她 JX 吧。这是一个非常懂事的、乖巧的孩子，却有着一颗敏感脆弱的心。孩子妈妈也告诉我："吴老师，你不知道，我们一点压力都不敢给她，她曾经跟我说：妈妈，我想自杀。把我们给吓住了。"作为老师，我的第一反应就是不要刺激她，千万不能出事。

后来的一件事，更是让我感到不寒而栗。

我在班里进行生命教育，在最后一个环节，我激情满满地说："孩子们，这个世界这么美好，我们是不是应该珍惜生命呢？"其他同学扑闪着眼睛，大声表示："是，我们要珍惜生命！"可是就在一刹那，我看到 JX 低着头，恹恹地说："生命哪里美好，一点不美好。"顿时，我意识到：面对孩子想自杀的问题，我们往往怕得不行，相关字眼都不敢在她面前提，以为这样可以逃避，可以暂时保全。可是，这个事情我们就一直逃避下去吗？家长不去触碰，老师不去触碰，这是办法吗？

能宽容，要有耐心

我小心翼翼地呵护着孩子那脆弱的心灵，在班里尽量给她找到存在感，可是后来的事情不允许我们逃避下去了。

这件事缘于班上需要推选孩子参加手抄报比赛。我一直觉得 JX 的美术功底挺强，于是，推荐她去参加手抄报比赛。正好，孩子可以用周末两天的时间画一画。可是，出乎意料的事情出现了。星期天的晚上，孩子突然给我发来信息："老师，我不参加比赛了。"

"啊，为什么呢？"我一阵惊愕。孩子怎么会临阵脱逃呢？

"老师，我不行，你以后就不要叫我参加这些比赛了。"孩子冷冷地说。我更是惊愕。

"我们做什么事情不能半途而废哟！"我给孩子发去信息。

接着，孩子给我发来一段文字，让我更是惊愕："老师，我想跟你说件事。我们小学时做过几次心理测试，测出来的结果呢，我是……心理最不正常的那一个，然后大家都在背后讨论我，说我心理不正常，心理有问题。老师也找我谈过话。可能就是因为这个事情，我学会了伪装，就连我爸妈也从未知道。所以，下次就不要找我做事了吧，我也没有那个能力，也不要告诉我爸妈了吧。我爸妈忙，没有时间。"

从简短的文字里我捕捉到：这个孩子曾经因为心理测试留下了阴影，并且因此而背上了思想包袱，同时，孩子的父母很忙，没有闲暇照顾孩子。

此时，我能做的就是给孩子宽慰。我想了想，告诉孩子："在吴老师心中，我从来都觉得我们 JX 上进努力，阳光有正能量，从来没有觉得有什么心理不正常。就像电影《哪吒》里说的那样：我命由我不由天。谁也决定不了我们自己，能决定的只有我们自己。我曾经的心理老师说，每个人都是有着心理疾病的正常人。所以，别为这个事给自己负担。确实做不了什么事，也没有关系，我们可以不做，但是请相信，你是个心理正常的女孩。"

孩子没有回复，我也没有追着问孩子。不强化，不着急，慢慢来，这是我一贯的态度。第二天，孩子到校后，冷冷地告诉我："老师，我没有画画。"我没有表态，面对样的孩子，我们千万不能急，慢一点，再慢一点。等这件事过了，再和孩子聊聊也不迟的。既然她不愿意画画，我也不能强求。

细呵护，积极引导

周一，上体育课前，JX 非常神秘地跑来告诉我："老师，你看看你电脑那儿，你丢了什么东西。"孩子眼神闪烁，说完一溜烟地跑了，留下一个嘴巴张得大大的惊讶的我。

我急忙跑到我的办公桌前，在电脑下面压着一封孩子写给我的信。

致吴老师

吴老师，其实您在我眼里就像一位大姐姐一样，把我从阴暗的地方，带到阳光灿烂的地方。在这里，我想和您聊一聊。其实您第一次叫我画手抄报的时候，我既开心又忐忑。很开心您能叫我画，但是我很担心自己画不好。那时候，我心里很害怕，于是发消息给您，问能不能不画，您告诉我遇事不退缩，当时我充满了信心。但是，我把画带到学校来的时候，很快又被打回了原形，所以我没有交，后来我就把那幅画撕掉了。

我记得我给您说过我有心理问题的事情吧！这件事，我的父母还有我哥哥都不知道。从一年级开始，我爸爸妈妈就不怎么管我，我哥给我做饭，做到了三年级，他就去读高中了。从那时候开始，我就开始一个人生活，我也不知道为什么会变成这样，变得不像我自己。我很害怕，害怕我自己因为压力而做出什么傻事，我更害怕让爱我的父母、哥哥、爷爷奶奶、外公外婆、姐姐弟弟为我伤心。我很害怕。

学生：JX

2019 年 12 月 12 日午睡时写

遇到这样的情况，我的第一反应是给孩子回信，让孩子不能做傻事，这是老师要做的第一件事。

JX：

谢谢你对我的信任。能和我谈你的心里话，我感到很欣慰。能遇到像你这样上进、乖巧、懂事的学生，我真的很感谢缘分。

从信里得知，你小时候那么独立，我真为你的独立和勇敢感到骄傲，你具备很多人都没有的独立能力。

可是，这么美丽懂事的女孩，怎么会去想做对不起亲人，让自己亲人伤心的事情呢？我们都有孤独无助的时候，只要忍一忍就过去了，无论怎样都不能拿自己的生命开玩笑，因为没有过不去的坎。

你那么独立勇敢，我相信你的人生是非常美丽而精彩的，只要生命在，其他的都不是事儿，确实脆弱的时候，有老师我，有你的爸爸妈妈，我们都是爱你的人。记住，热爱生命，人生精彩无限，我愿意永远做你的知心朋友。

你痛苦的时候，我为你分担；你烦恼的时候，我为你解忧；你孤独的时候，我愿意陪伴。

人生还有很多需要我们去做的事情，你的人生刚刚开始。岁月留下的回忆，不管是成功，还是失败，不管是美好，还是不堪，最后都会变成一笔财富，滋养我们生命的旅途。

永远爱你的小霞

2019 年 12 月 12 日

要汇报，多方合力

从孩子的信里面我已经感知到：这个孩子敏感，自卑，孤独，缺少陪伴。这件事，根在家庭。孩子有轻生想法的时候，我们需要告诉家长，需要向学校领导汇报，同时需要心理老师的参与，及时干预，做好措施。及时采取措施，也是保护我们自己。

于是，我向德育处领导汇报了相关的情况。我们还需要约谈家长，让家长重视这样的事情。

在德育处，孩子家长终于说出了家里的情况：原来，孩子爸爸一直在外上班，妈妈长期上夜班，孩子从小缺少爸爸妈妈的陪伴。我无法想象一个长期处于孤独状态的女孩，需要熬过多少个恐惧而孤寂的夜晚，特别是遇到问题的时候，那无助孤独的感觉，是一个小女孩生命中不可承受之重。我理解了这样一个女孩，一个孤独的女孩，可怜的孩子！

最后，我们和孩子母亲一起商量了几个策略：（1）建议她把自己的夜班换成白班。（2）每天晚上来接一下孩子，路上多聊天。（3）周末多陪伴孩子。（4）多向孩子表达父母的关怀之情。（5）大胆和孩子谈自杀这个话题。（6）严肃对待孩子每一次的自杀念头。（7）开导孩子勇敢面对生活。（8）带孩子到医院进行心理治疗。

孩子妈妈意识到事情的严重性了，当即表示愿意配合。

重心育，促进心灵成长

做完了家长的工作，紧接着，我们也对孩子进行了以下方面的教育：

（1）经常找孩子谈心。在谈心中帮助孩子孩子打开心结。JX 这个孩子主要是因为父母陪伴少了，导致内心的孤独，所以她非常渴望温暖，当我们给予她关心的时候，孩子内心自然有了快乐。孩子慢慢变得阳光起来。

（2）加强生命教育。我经常告诉她生命的可贵，引导孩子珍惜生命，热爱生命，热爱生活。每个人的安全感是靠自己给的，只有内心强大，认真经营好自己，才能使生命更有内涵和深度，才能使人生更有意义。

（3）提供情绪支持。让孩子觉得，不管遇到什么事情，都不要担心害怕，因为身边有同学、家长、老师支持帮助她，让孩子感受到不再孤单。同时让班上同学多多给予她温暖和关怀。

（4）学会积极思维。引导孩子遇到任何问题往正面的方面思考："只要肯用功，方法总比问题多""没有过不去的坎坷""一切都将会过去"。

（5）构建人生目标。和孩子一起规划目标——"长期目标""中期目标""短期目标"，并规划出具体的行动。一个有目标的人，是一个有人生寄托的人。让孩子有事可做！

（6）加强关注沟通。经常关注孩子的情况，经常了解孩子的思想动向，及时进行引导。

经过一学期的努力，孩子终于步入正轨，孩子的脸上露出了笑脸。

面对想自杀的学生，不要逃避，及时疏导，关爱他们，理解他们，用心用情呵护他们脆弱的心灵，培养健康阳光的心智模式。如此，让生活不再慌乱，让生命不再迷茫！

57 赏识：面对学困生，我这样做

每一届学生，班里总会出现那么几个对学习没有兴趣的孩子。随着自己对教育的理解的深入，我越来越喜欢顺着孩子的天性走。这不，这一届，L就是这样的一个孩子。

L整天无所事事，上课从来不学习。我不想强迫他学习，这样做费力不讨好，收效甚微，并且破坏了和谐的师生关系。我怎么做呢？

建立信任

既然他不爱学习，那我就不整天逼着他学习，而是尊重他，和他搞好关系。尊重不是讨好，而是真正接纳他，接纳他的学习，接纳他的所有的缺点。

我总是走近他，和他拉拉家常，亲昵地问："你们家住哪儿啊？""你每天回家远不远？那你天天步行累不累？"当我们主动亲近这样的孩子的时候，孩子是很容易建立起信任的。慢慢地，L很亲近我，只要我一到教室上课，孩子就会主动走到讲台上来和我唠嗑。

发扬优点

慢慢地，我发现这孩子的脑瓜子挺灵活的，动作很是麻利。每次上课，我总要喝点水，可是接水的地方，有些远。我正犯愁，L赶忙走上前来，急切地说："老师，我帮你接吧！"

"好好好，那当然好！"我高兴地递过去杯子。孩子高兴地拿着杯子，蹦蹦跳跳地出去接水了。

一会儿工夫，孩子接水回来，我急忙道谢，急不可耐地喝水。这孩子，还真是个体贴的好孩子，水不冷不烫，刚刚合适。

我一个劲地夸赞："L太懂我的心了，连水都接得那么合适。不冷不烫，刚刚好！"L不好意思地笑了。人都需要肯定，受到表扬后，孩子天天主动帮我接水，变成了班级的"专业接水户"。

我毫不客气，天天享受着L对我的照顾。我也毫不吝啬自己对L的表扬："L，你真不错，完全就是我的贴身秘书啊！"L喜不自禁，每天接水更加积极了。

委以重任

冬天到了，我突然生病，需要吃中药调理，可是每天老是忘记吃药。一天，我把一大包中药提到教室，说："同学们，这段时间老师身体不好，可我老是忘记吃药，需要找一个吃药监督人，天天监督我。"

"老师，我。""老师，我来。"……在踊跃的人群中，我一眼就看到L缩在角落，默不作声。

"L，你来，你最合适。"我大声说道。L先是一怔，继而眼睛闪着光，在大家的一片遗憾声中，L自顾自地笑着，露出了两排大白牙，这真是发自内心的高兴。

这真是一个合格的监督师，每天把药烫好，盛在杯子里，悄悄地放在讲台上。看着这么贴心的孩子，一股暖流油然而生。那个冬天，因为有了L每天默默的照顾而变得温暖，我也在他的监督下，按时吃中药，身体慢慢康复起来。

因势利导

那段时间，我总会把温暖的一刻留下，拍个照，发个朋友圈，并配上文字："温暖一刻，班上的贴心孩子，悄悄帮我把药烫好，然后把我的杯子拿过来，递到我手里。真感谢父母教得这么好。"我顺势把朋友圈给孩子看看，孩子总是不好意思地笑笑。

然后，我继续强化孩子的优点，把这件事告诉他的父母："你们家孩子教育得太好了，情商超高，对人体贴周到，这都是父母的功劳啊。"

孩子爸爸很是激动："吴老师，我儿子以前从来没有被人表扬过，你是第一个表扬他的老师呢！"听了这话，我心里一阵酸楚，像L一样的孩子，他们最需要的就是表扬。我还要继续表扬，我到班里告诉同学们："同学们，L长大了会是一个暖男的。"全班一阵狂笑。

"那是真的，我担保，谁要是嫁给他，会很幸福的。"

L已经不好意思起来。

此时，我悄悄地走到L身边，低声说："老师告诉你，其实你那么懂得照顾人，以后女朋友顶多把你当个保姆，要想真正成为绅士，得到大家的尊重，是需要学识和能力的。既然生活上能做到如此完美，那么，学习上采取这样的态度，难道学不好？"此时的L信服地点点头。

"那我们约定，不和别人比，就和自己比，这次考了20分，下一次只要增加了1分，就是进步。"孩子使劲点头。

放低要求

对L，我们需要放低要求，其他同学一次背四首诗歌，L一次就背一首。孩子还是背不过，干脆我就勾画一句让他背。加分是双倍的，让孩子找到学习成就感。

慢慢地，L有了一点学习成就感。可是，好景不长，毕竟松懈惯了的孩子无法长久坚持，怎么办？继续变着方式激励他进步。

于是，我开始选L当班级的听写委员，专门为同学们改听写。为什么这样做呢？在孩子为别人修改的时候，就强化了他的记忆。

孩子当了一段时间听写委员后，我继续升级，让孩子管理纪律。在各种方式的锻炼之下，孩子慢慢养成了仔细认真的习惯。当孩子逐渐进入精进状态的时候，哪怕他的学习仍然不是特别理想，他其实已经实现了另外一种能力的提升，并且把他的特长发挥到了极致。这不失为对学习不感兴趣的孩子一种另类的培养。

心理学家詹姆斯说过这样的话："人性中最深切的本质就是被人赏识的渴望。"赏识是每个人都期待的，面对学困生，我们理解他们，相信他们，不断鼓励，用欣赏的眼光看到他们的可贵之处，因材施教，把孩子的特长发挥到极致，也是一种转变和提升。

58 示弱：家长群"红包"被"盗"啦

开学工作正在紧锣密鼓地进行着，可是，家长群里突然来了一段小插曲。

群里王建爸爸需要去书店买书，顺便在群里吆喝："我正好在书店，谁需要我带英语资料？"我们班的家长自发形成一种传统：谁有空，谁在书店，就自发带书回来。

刘浩爸爸马上发出："帮我带一本。多少钱？我转给你。"王建爸爸立刻回应："45元。"刘浩爸爸像平时那样，在群里发了红包。可是，就一刹那的工夫，红包被一个叫棉花糖的人抢了。

刘浩爸爸开始着急了："棉花糖是哪个哟？那是我给王建爸爸买书用的。"可是，群里大家都在忙着问："王建爸爸，李毅妈妈的钱收到没有？""王建爸爸，罗红的钱收到没有？"……一会儿工夫就淹没了刘浩爸爸的信息。

王建爸爸一一回应，对刘浩爸爸的回应却是："没有收到。"刘浩爸爸有些生气，马上发出："群里叫棉花糖的是哪个？麻烦你把钱退回来！那是给王建爸爸的。"刘浩爸爸在群里重复发了三遍。

此时，正在忙着报名工作的我，才发现群里出事情了。我急忙发出："怎么回事？"

刘浩爸爸马上发出："吴老师，群里已经没有棉花糖的头像了，应该退群了吧。我已经加了王建爸爸的微信，给他另外发了书钱。"

这个棉花糖是谁？什么时候进来的？班级家长群里有这样的人吗？刘浩家长的钱被人领了，家长们怎么看？我心里瞬间爆出一系列的疑问。家长群里出现这样的事情，我这个班主任是有责任的。

我马上发出："马上调查。居然群里出现这样的事情。"我没有想到，这样的事情会出现在我的家长群中！可是，转念一想：这样的事情弄清楚了，真的就是好事吗？都是成年人了，而且是家长！万一是某个孩子的家长，以后他的面子怎么搁？班级同学怎么看待他的孩子？

关键时刻，我不能那么冲动。于是，我马上把信息撤回。群里家长们也开始热闹起来。

有家长发出："前面有记录，查一下是谁拉进来的，看看是不是家长。"

"算了吧，看在吴老师的份上，没必要。"刘浩爸爸说。"看在吴老师的份上"，更加重了我的压力。

于是，我发出："我现在在报名注册，大家先查查。"

刘浩爸爸马上回复："怎么查呢？"

此时又有家长发出："看记录，查查是谁拉进群的。"

"群里有几个没有改名字的。"……大家七嘴八舌议论开来。

群里家委会会长秦睿妈妈马上发出："说了几次了，进群要修改群名片，要不然，谁认识谁？"

郑涵升爸爸也发出："不是说缴费在另外一个群吗？"

刘浩爸爸发了一张截图，说："是一个叫松的人拉进来的。昨天扫码松推荐的群名片进来的！"

"松是谁？"有家长紧接着问。

"看群成员的顺序，松是倒数第三进来的。"

昨天才进来的？我怎么不知道？松又是谁？我心里一阵捣鼓，报名也没有心情了，马上翻看手机。

一看我的微信好友，松是文博家长。看到了一点线索，心里仿佛抓住了救命稻草：

"找文博家长。是他拉进来的。"

文博家长马上发话了："我前两天才进来的，之前退了群。"文博家长是一个非常敏感脆弱的人，离异，一个人带孩子。一次孩子组长催孩子交作业，文博家长就把组长拉黑了，班级群也退了。我了解这个家长，喜欢赌气。要是孩子做错了什么事情，几句话不对付，马上和孩子赌气，自己走了。

我直接发了一个截屏，说："这个记录上反映出来的。"可是我总觉得这样直接指出来不是很妥当，把这件事调查得那么清楚也是不对的，而且大人更爱面子。为了给这位家长台阶，我马上补上："不知道是不是我手机有问题。"

秦睿妈妈马上发出："从这个邀请来看，应该是你分享了群二维码，别人扫描进来的。"

文博家长马上回应："前两天陈鹏爸爸才把我拉进群的。我这边忙，基本上没有看微信。"说完他就退了群。

"还好，钱不多。什么人都能进群，吴老师平时很忙的，你们是不是谁设置一下哟？"刘浩爸爸发出。

"大家最好不要把二维码分享到外面去，以免其他人扫描进来。"秦睿妈妈马上在群里发出。

此时，我已经意识到这件事处理的尴尬性了！这真是一件棘手的事情啊！

事件分析

1. 从群管理的角度分析。第一，进群不规范，只要有人分享二维码就能进群。第二，进群后群名片不规范，有的家长没有改群名，我们也没有刻意去跟进。第三，收费不规范，不能直接发到群里，应该有专门的二维码。第四，没有群管理干部。既然我平时太忙，没有时间管理，那么应该拜托一个家长来进行管理。

2. 从文博家长的角度分析。我和文博家长打过交道。据他前妻反映，这个家长喜欢赌气，情绪不稳定。他为什么会退群？他觉得这件事他解释不清楚，所以负气地退群了，可是退群却让这件事本身更尴尬。他有点玻璃心，内心敏感而脆弱，他需要的是一份关心，一份理解。我是不是应该用一种既体面，又能给他台阶下的方式处理呢？

3. 从被抢钱家长的角度分析。刘浩爸爸的红包被抢了，哪怕碍于自己学生家长的身份，他不会说什么，但无论钱多钱少，心里是憋屈的，心里窝着一肚子火。并且，他会对这个班级和老师有不好的看法，甚至他会怀疑老师处理问题的能力。

4. 从班级其他家长的角度分析。其他家长看在眼里，他们会观望后续的处理。如果处理不好，他们会对班级管理工作持一种怀疑的态度；同时，班级家长红包被抢，会破坏一个班级群的安全感，会破坏一个班级的凝聚力。

5. 从班级学生的角度分析。这件事虽然发生在家长群，可是孩子们听家长那么一说，是不是给孩子们树立了不好的榜样，会不会给他们传播负能量？

所以，迫在眉睫的是把坏事变成好事，把棘手的事故变成一个美丽的故事。怎么办？

处理策略

1. 冷一段时间——给各自思考的空间。

这件事不急于一时，有时候越急切，效果越糟糕。与其变得糟糕，不如给各自冷静思考的空间，也方便我思考如何处理这件事。

2. 求助家长——把自己放在弱势位置。

我从来不把自己放在强势位置，首先是本身不强，每个人都有自己的短板；同时，我惊喜地发现，当我这个班主任比较笨弱的时候，我的学生和家长却能把自己的优势发挥出来。

我主动找了班上积极主动、处理问题能力强的家长，和他们私下联系，说我遇到了困难。

我跟陈鹏爸爸说："遇到困难的时候，总是需要你们的帮助。你们都知道，我在处理复杂的事情的时候，确实不擅长。好在你们见多识广，有你们在，我心里就踏实。你看现在这件事，怎么处理好呢？"

有的家长看待问题的视野和能力，会优于老师，这么好的资源，我们为什么不给机会让家长发挥作用呢？如此，还能增进家校合作。

陈鹏爸爸开始冷静分析："这件事，不处理也是不行的。这样，吴老师，我去找他谈谈。"家长自告奋勇。

我心里一阵温暖，连说谢谢。我又和另外几个家长打了电话，家长们纷纷出了主意。

3. 曲线救国——委婉表达。

可是，陈鹏爸爸给文博家长打电话，文博家长同样不接。看来，这家长还在气头上。

不仅退群，还不接电话，怎么办？我心里有些郁闷。

显然是他不愿意面对这件事。

于是，我想到了找孩子的妈妈，他的前妻。女人之间好说话，聊聊天，唠唠嗑。

当我和文博妈妈一起聊着孩子，聊着家庭的时候，不经意间，我抛出问题："文博妈妈，那天文博爸爸怎么就退群了？到底怎么了？"

"吴老师，我前夫脾气怪，他就那样，只要一点点事，就觉得委屈，他就会逃避。他觉得那个棉花糖不是他拉进来的。觉得说不清，干脆退了。"看来和我猜想分析的差不多。

"其实这个事情呢，本来没多大事，他这样退群了，不但让大家猜测，而且事情也没有解决，与其这样，不如进群里解释解释，什么事情都没有了。"我和文博妈妈分析着这件事。

"那我劝劝。"文博妈妈表示。

可是最后的结果，还是没有劝动。

4. 直面问题——直接电话。

于是，我用另外的手机号码，给文博家长打电话。

这次，家长接电话了。我直奔主题："文博爸爸，我就是因为上次那件事和你聊聊。"

"哎呀，吴老师，最近我很忙，所以没有接着你的电话。"文博爸爸说。

"没事没事。其实我也知道，文博爸爸，您不是那样的人，不会去抢这个红包，而且也不会随便拉人进来的。"我首先表达了理解。

"吴老师，我发誓，我平时没有拉人进来。"文博爸爸急忙辩解。

"我知道我知道，可能是手机中了病毒。其实这件事也不是多大个事，你可以直接和大家解释一下，就可以的。"我安慰着。

"解释不清楚的。"文博爸爸有些丧气。我突然发现，有时候，成年人也有小孩的一面，每一个成年人都是有着高大身躯的小宝宝而已。

"但是这件事，现在退群了，更说不清楚：首先，你退了，大家会认为此地无银三百两，不打自招。其二，这件事，你们家小孩是知道的，我从眼神里能感觉到孩子内心的不安，同学们会怎么看他？你还是为自己孩子考虑一下，好吗？本来没有什么，解释一下就可以解决的。其三，这件事，还放在那里，我作为班主任，没有处理，也很是尴尬的。"我真诚地和家长分析这件事的处境。

"那好吧，吴老师。"

"要不我拉你进群，然后，你先解释一下，我在后面帮你圆圆场，你觉得呢？"我轻声说。

"我现在有点忙，今天晚上可以吗？"

"没事，您约个时间，您看什么时候合适，就什么时候。"

"晚上8点钟。"文博爸爸说。

"好，我们等你。"

这次和文博爸爸交谈顺利，看来文博爸爸这个时候已经冷静下来，作为班主任的我，处理这件事的思路越来越清晰。

5.集体造势——营造氛围。

接着，我开始思考：除了解决班级"抢红包"事件，更要通过这件事引导班级的正能量，把坏事变成好事，从而营造班级家长群积极向上的集体氛围。

于是，我给班级的铁杆家长发去了信息："今天晚上我们会在家长群里处理最近出现的事情，为了班级的正能量，需要您在今天晚上的讨论中随便说几句，谢谢。"

家长们纷纷反馈："好的，收到。"

6.共同讨论——解决问题。

晚上，7点多，我把群邀请发给文博爸爸。文博爸爸加群后，马上开始解释自己的情况："各位家长，吴老师晚上好！上次群里面有个红包被人领了，显示是我拉进群的，我敢保证没有推荐给别人，应该是我的微信中了病毒。"

马上有家长接话："如果是你朋友圈的人，应该认识，你可以找他还回来。"

"不是我朋友圈的人。之前有个群里面发了个关于学习方面的二维码，我扫过一次，应该是那次中的招。"这次文博爸爸情绪平稳。

需要我出马了！"谢谢文博爸爸主动和大家沟通这件事。我作为班主任，也和大家沟通交流一下。由于这段时间开学太忙，现在才和大家一起，交流最近出现的问题。先向大家致歉。"我顿了顿，继续说，"对于这件事，我们认为：第一，棉花糖这个人可能是那种专门钻空子进群抢红包的人，我们相信我们的家长是有素养的人，是不会为了这区区45元钱去私吞红包的。第二，这件事涉及一个家长微信群管理的问题，规范群名片和进群规则这件事我疏忽了，所以我自罚，这个钱由我转给刘浩爸爸。"

于是，我马上发出红包。

刘浩爸爸急了："要不得，吴老师，上次就沟通过了，真的不怪你。我也知道不是我们群里的家长，所以没有放在心上。今晚吴老师不提，我都忘记了。"

"不能让你白白损失钱，这样不地道。是我管理有疏忽造成的，所以责任应该我来承担。"我继续说。

"吴老师，这个钱我来出。"文博妈妈马上说。

"大家不要争着付了，这个事情我有责任，我来付。"我继续说。

"吴老师，这钱不应该您出，您为了这些熊孩子已经很操心了。"有家长说。

"吴老师的做人态度我真是佩服。""吴老师为了处理这件事，考虑到方方面面，还要照顾每一位的感受，本来班上的事情就多。"……家长群里开始议论纷纷。

"主观上每位家长都不愿意群里发生这种事，我相信大家都希望咱们这个大家庭和谐，珍惜咱们能在一起的缘分。"陈鹏爸爸也发话了。

"这种事谁都不愿意看到，怪就怪现在有的人太会钻空子。"家玉妈妈说。

家鹏妈妈说："这件事不怪咱们。这样，我们一个人发一元，剩下的做班费，大家同意不？"大家纷纷表示赞同，群里早已下起了红包雨，像一颗颗火热的心在翻飞。

"班级就是一个集体，孩子们共同学习，我们在一起也是共同进步的过程。"有家长说。

"是啊，每次需要购买资料，都会有一群积极的家长，帮忙给大家购买。"大家开始聚焦到班级群正能量上来。

7. 措施改进——确立群规范。

解决事情的根本，在于规范班级的群管理。这样才能避免发生类似的事情。

首先，我发出了几个温馨提示。

（1）群规范问题：交给家长委员会会长秦睿妈妈来管理，出台群规范。

（2）交往建议：我们的家长是自己孩子的榜样，我们是成年人，遇到事情我们要用用成人思维思考问题，不要像小孩子一样，动不动就退群。情绪不稳定，会影响到我们自己的各个方面。情绪不稳定的时候，我们放一放，冷一冷，等冷静了再来处理。人一辈子都是在学习中成长的。

（3）建立专人负责收费制，制作专门的收款二维码。

（4）专人负责善后：这件事的善后由家鹏妈妈负责。

（5）表扬先进。感谢付智成妈妈、秦睿妈妈、陈鹏爸爸、文博妈妈、刘浩爸爸、家鹏妈妈等家长的识大体，遇到事情积极处理，积极看待，为我们班级有这样的家长而感动，再次表达感谢。

然后，出台群规范。

我和秦睿妈妈早已商量过群规范问题，她马上在群里发出规范要求。

家长群是我们一起学习、共同进步的地方，再好的团体都离不开我们大家一起经营维护。

大家有问题可以及时提出来，一起解决探讨。因为这是线上网络交流，不备注孩子的名字，大家都不知道"您是谁"，对吗？所以，从现在开始做到以下几点要求：

1. 禁止在群里说脏话粗话，有问题可以私信老师。

2. 请群里每位家长朋友备注好群名片（格式：某某+爸爸/妈妈），方便大家认识你。

3. 自愿购买资料等，难免会产生费用问题，禁止直接群里发红包，以免被他人误抢，如有费用产生指定专人收费并发二维码扫描付款，付款时请备注好孩子的名字或者截图发到群里，私下给对应的人员发红包也可以。

如有不对的地方请大家多多指点。谢谢大家的配合。

大家纷纷表示：好有爱的班级群啊！有的马上表示：向大家学习，以后我也要多做识大体、利于班级团结、维护班级群的有利的事情。

一件"红包误抢事件"就这样处理了，还增加了班级的凝聚力，一切又恢复了平静！

第四辑

相信文字的力量

——书信里的教育智慧

59 播种：期待一树花开，一路芬芳

——开学时，给孩子们的一封信

可爱的孩子们：

在开学的第一天，和大家分享席慕蓉的一首诗："如何让我遇见你/在我最美丽的时刻/为这/我已在佛前求了五百年/求它让我们结一段尘缘/佛于是把我化作一棵树/长在你必经的路旁……"

亲爱的同学们，我们每一位老师都是把你们看作一棵棵开花的树，期待你们能够拼命吸吮雨露，沐浴阳光，让自己茁壮成长，让自己无限闪亮。期待着你们能一树花开，一路芬芳！

能在一起很温暖，走在一起是缘分。2017，我们一起走过；2018，我们将携手同行，共创辉煌！

2018，我一如既往要做敬畏生命的教育。同学们，假如生命不在，教育意义何在？一个人遇到挫折就轻易把自己的生命断送，生命都没有了，还谈什么人生的意义？奋斗不息，生命不止，热爱生活、热爱生命是永恒不变的主旋律，用体育锻炼延长自然生命，用责任担当拓宽社会生命，用品行修炼提升精神生命。愿我们把生命的每一天过得有意义，愿我们活出生命蓬勃的姿态！

2018，我们想做孩子们内心需要的教育。"鱼对水说，你不知道我在流泪，因为我在水里。水对鱼说，我知道你在流泪，因为你在我心里。"把事情做到学生心坎上，用心观察，用心了解，用心思考，与你们共情同理，这样的爱哪怕普通寻常，却是量身打造，独一无二！

2018，我们想做更温暖的教育。让每一个学生都成为我心中最重要的人物。关注每一个孩子的期待，发现每一个孩子的优秀，在乎每一个孩子的需求！因为我知道，教育不缺少爱，也不缺少艺术，缺少的是真正有温度的教育！给孩子们安静的目光和长远的期待，做一个纯粹的老师，让孩子们永远洋溢着自信和阳光！这就是有温度的教育！

2018，我们要做更专业的教育。因为我们深知，只有热爱，是远远不够的。专业不只是给爱给温暖，更不仅仅是欣赏学生的优点，还要让你们自己找到价值感，发掘自己的潜能，创造更优秀的自己！自我反省，自我教育，做自己成长的主人！

不要控制，而要成全；不要灌输，而要引导；不要冰冷，而要温暖；不要无奈，而要幸福！我们能做到的！

生命是一段旅程，不管开满鲜花还是布满荆棘，走或者不走，时光都会把我们带到尽头。所以，我愿意带着你们，发现这段生命旅程独有的旖旎的风光。愿你们能用欣赏的姿态对待这段旅程，一路体验，一路欢歌！

三毛的诗歌大家还记得吧："如果有来生，我要做一棵树……一半在土里安详，一半在风里飞扬；一半洒落阴凉，一半沐浴阳光。"不用来生，今生就可以。生命不易，且行且珍惜。

这就是老师的心境。做老师，时间越久，情愈浓，爱愈深。回忆过去，永远是柔软的眷恋；展望未来，永远是美丽的期待！

做最真实的自己，芳华依旧，不忘初心，听从你心，无问西东。在开学的第一天，愿我们都能种下自己的梦想，愿我们能持续浇灌，待它生根发芽，枝繁叶茂，郁郁葱葱……

60 自控：从今天起，又是一个新的开始
——学习后，写给自己的信

每一次学习，都是一次蜕变；每一次学习，都是一次拔节。从今天起，这一段培训结束了；从今天起，一切又将从零开始；从今天起，又是一个新的开始。

从今天起，我将重新审视我的师生关系。以前是带着孩子们向前冲，现在我想陪着孩子们一起走。以前的路上更多在乎的是节奏，是结果。而孩子们更需要的是陪伴，是倾听，是理解，是尊重。我将重新开始，按照孩子们的节奏，倾听孩子们的心声，用同理心去和孩子们一起成长，我将不急不躁，和孩子们一同漫步在教育的百花园。

从今天起，我将重新审视我的班主任工作。以前会在乎创意，现在更在乎规律。遵循孩子们成长的规律，按照他们的节奏，不拔高，不急躁，给孩子们充分的自主学习的时间，更加科学地教会孩子们去思考，用体验的方式教会孩子们去体验，去感悟。如果他是鹰，给他飞翔的蓝天；如果他是兔，给他奔跑的场地。尊重规律，比什么都重要。

从今天起，我将重新审视我的家校工作。多站在家长的角度思考问题，每一位家长都是向上的，他们是成年人，成年人有成年人的思维，不会轻易改变。改变可以改变的事情，接受不可改变的事情。我和我的家长是合作者，我能做的就是和他们一起成长，站在家长的角度思考问题，理解他们的不容易。

从今天起，我将重新审视我的语文教学。我将记得备课的起点是学生，

终点还是学生，认真分析学情，做学生需要的教育，不能仅是一句空话。分析学情，设计三阶梯，注重起点和落点的一脉相承，注重孩子的情绪调动和课堂节奏的把握。我不再忙着赶进度，吸收和消化更为重要，备课的原点更为重要，回归教材更为重要。

从今天起，我将重新审视我的同事关系。再熟悉的人都要亲密有间，注意沟通的艺术。也许因为平时熟悉了工作环境而忘记了注意说话方式，说不定偶尔一句话得罪了别人还不自知。所以，多从对方的角度思考某句话说出来的分量，我们要学着让自己成长，珍惜同事的情谊，珍惜每一份情谊。

从今天起，我将重新审视我和领导相处的方式。每个领导都有自己的不容易，我要学着先理解，遇到问题找时机进行沟通。领导也有领导的难处，多尊重，多服从，多包容，多理解。

从今天起，我将重新审视妻子的角色。多关心自己的丈夫，男人也是需要呵护和关心的，多体贴；男人也是需要听甜言蜜语的，多给他鼓励与理解。丈夫是陪伴我时间最多的人，珍惜爱护；男人内心里住着一个小孩，多理解他的不容易。

从今天起，我将重新审视母亲的角色。多给儿子尊重，多一些陪伴，多一些因势利导，少一些代替。多一些引导，少一些控制。再忙都要陪伴孩子，再苦都别丢下孩子！

从今天起，我将重新审视女儿的角色。父母含辛茹苦把我养大，我却用忙来回复他们深沉的爱。多给他们打电话，多去看望他们，多陪陪他们。

从今天起，我将重新审视我自己。做人要有自己的原则，学着让自己内心更强大，学着安排好自己的时间，学着把思维变得更完善，做事说话需要更周全。如此，慢慢让自己成熟。

当我写下给自己的一封信的时候，我知道目标和实际会有一定差距。但是我相信，不完美才有进步的空间，走一步再走一步，才会有更大的突破。学习，永远在路上，我愿意一直修炼在路上……

61 自主：自觉可以练出来
——住院期间，给孩子们的一封信

亲爱的同学们：

这一个月里，我无时无刻不在牵挂着大家。曾记否，我们一起秋游，一起徜徉在热闹的温暖之中；曾记否，我们一起在园博园撕名牌，一起嬉闹，一起敷蛋糕，一起清理战场；曾记否，我们的班刊，我们的魅力班级资料，凝聚了多少同学的心血和汗水；曾记否，我们的感恩活动，真情与泪水交织；曾记否，我们的毅力活动，让大家在磨难中接受着精神的洗礼……还有我们的静心活动，让大家学会宁静致远，以及七日毅力挑战、小组活动、读书活动、励志活动，等等，虽然会耽搁时间，但我们却成了精神的富翁，心灵的土豪！

特别让我感动的是，在我生病期间，大家那么自觉齐心，在班干部的带领下，那么优秀地完成了红歌比赛。我知道，这里面凝聚了多少人的心血，有冉老师的悉心陪伴（我知道，为了比赛冉老师天天是起早摸黑），有刘老师的倾力相助（天天都在教育大家，并且还专门让你们把数学课拿来练歌），有实习老师的鼎力支持（给你们照相，陪着大家）。这些都让我感动。还有我们的柯忆佳、杜心雨、陈芷涵等班干部，那么认真执著、兢兢业业带领大家练习，特别是大家最后那句"小霞加油，逐梦雄起"，让我看到了一个多么了不起的逐梦班级呀！

你们不知道，当陈芷涵、巫宜鸿、黎馨余他们跟我说这件事情的时候，在来看望我的同事面前，在病友们诧异的目光下，我居然像一个孩子似的，让眼泪肆无忌惮地流淌。眼泪一次一次如潮水般涌了出来……

我听到尧嘉对我说："老师，我们在比赛场上唱歌的时候，想的就是，吴老师还在病房里躺着呢，我们要给她最好的礼物！"我心潮澎湃，像湖面泛起了一阵巨浪，心里满是感动！

这些，都成了每一个漫漫长夜里，撕心裂肺疼痛时最好的精神食粮！亲爱的孩子们，你们的爱成为医治我身体疼痛的最好的良药呀！

有时候，我在想，如果能够重新开始，我一定给大家更多的空间，不拖堂，不生气，做一个温暖的老师，做一个永远保持蹲下来的姿态，能直抵孩子们心灵深处的老师，看一看教育的世外桃源，那将是一片旖旎的风景呀！

住院期间，我每天在脑海里勾勒着大家的样子，回忆着大家的一颦一笑，反省着我自己的过失。我知道，每个人都有弱点，我应该宽容大家，少生气，多引导。我多想给大家一个完美的小霞，更轻松的生活，更高贵的灵魂！可是孩子们，任何一件事情，都是有得必有失的：当我们拥有了轻松之后，却多了份浮躁；拥有了清闲之后，却多了份空虚；拥有了自由之后，却多了份懈怠。任何一件事都是一把双刃剑，都有利必有失，人最怕的就是失去做事的根本，忘了自己最初赶路的方向，乱了自己该有的方寸，那将是人生一大遗憾呀！记住一句话：不要急，你要的岁月都会给你！

看到大家这段时间的表现，我是百感交集，夜不能寐：利用QQ抄作业，内心浮躁，和班干部顶嘴，使用手机无限度，不完成作业。特别是有同学说了这样一句："突然之间，很怀念吴老师在的日子，没了浮躁的欢笑，静静地徜徉在书中，在奋斗中享受快乐。"看到这句话的时候，我是悲喜交加，喜忧参半。

同学们，吴老师不可能跟着你一辈子，父母也不可能陪伴到永远，任何一个老师的教育力量都是薄弱的，不要为了某个人而努力，只有自己能把握和掌控自己的人生！

每个人都贪玩，爱轻松，这是人性的弱点，不是每个学生都是天生爱学习的，不是每个学生都会懂得自我管理的。真正为自己人生负责的人，懂得用自知力去反省自己，用自觉力去唤醒自己，用自制力去控制自己，用自动力去推动自己。学会自我调节，自我管理，自我拯救，自我教育！

　　愿亲爱的孩子们，能真正地把坏事变成好事。塞翁失马，焉知非福？没有我在的日子里，比我在更精彩，比我在更优秀，比我在更自觉！能掌握自己今天的人，才能掌控自己的明天！

62 规划：总有一款，让孩子弯道超车
——假期前，给家长的一封信

亲爱的家长朋友们，假期又到了，小"神兽"们归来了。也许有家长会说，我给孩子早早制订了完美的学习计划，孩子每天都安排得满满当当的，但做了这些就一定有效吗？如何帮助孩子安排好假期生活？

孩子的假期真的有效吗？

1. 假期休息了，不代表休整了。

假期是一个短暂的中场休息阶段。有些家长认为，孩子辛苦了一个学期，好不容易到了假期，应该让孩子休息休息，轻松轻松。可是，有的孩子用放纵代替了放松：打游戏打到凌晨，中午 12 点起床，假期与手机为伴，与电视为伍，开学狂赶作业。每一个放纵的假期就是孩子颓废的滑梯。

2. 假期计划做了，不代表执行了。

放假前，以为时间足够充裕。制订计划的时候孩子总是雄心壮志，家长也是豪气满满，可是执行的时候，困难总是有的，行动缓慢。又到开学时，家长突然惊觉和孩子一起信誓旦旦许下的承诺，都化为泡影……要么拖延着没有行动，要么没有坚持行动。

3. 假期补课了，不代表吸收了。

有些家长会说："我的孩子假期去补习了，学习就不用操心了。"有的孩子是家长逼着上补习班，孩子内心里是排斥的，厌倦的。那么，一个陷

入了被动学习状态的孩子是不可能深度学习、深入钻研的。

4. 假期作业做了，不代表掌握了。

我们父母有个误区：以为孩子一天到晚在做作业，就是在认真学习，以为完成了作业就是做对作业了。但是，大多数孩子的时间浪费在拖延上，有的孩子连完成作业都成问题，更别说作业质量了。所以，做了作业不代表掌握了！

观念决定行动，家长如何进行角色定位？

"神兽"回家，专门气妈。做父母，我们最怕的是"里外不是人"，明明是为了孩子过一个有意义的假期，可最后换来的却是不被理解，亲子冲突不断，身心俱疲。观念决定行动，改变我们假期的角色定位是当务之急！

1. 从孩子的需求入手。

一个优秀的推销员不会对产品进行强制推销，而是站在客户的角度去了解，去思考，去引导。所以，作为父母，我们是否像推销员了解客户一样去了解自己的孩子呢？是否站在他的角度去体验孩子的感受，思考孩子的想法？我们要做的，不是唠叨劝说孩子接受我们的观点，满足我们的心愿，而是抱持尊重平和的态度，问问他的想法是什么，他想要什么样的假期，希望提升哪项技能。如果孩子的想法我们是赞同的，就可以一起细化执行；若不赞同，耐心地和他一起商议，慢慢地达成共识，把我们的要求变成孩子的需求。这样，矛盾也就迎刃而解了。

2. 收放自如，拿捏有度。

管理孩子的过程，本身就是大小状况不断的过程，考验的是父母的耐心，处理问题的智慧，坚持管理的毅力。教育孩子是长期坚持的过程，培养一个优秀的孩子不可能一蹴而成，而是千锤百炼一如既往坚持下来的结果。

管理的智慧是，对孩子要外松内紧，战术上忽略，战略上重视，不让孩子觉得是控制。同时我们要拿捏有度，暗暗地提示方向，适时地给出指引，传递父母的爱，表达父母的情，既不放弃，更不对抗，温和而坚定地定好规则，执行措施。

3. 不要贪多，重在突破。

假期中帮助孩子提升，不能什么都要，面面俱到，最后面面不到。所以，我们只需要像钉钉子一样突破一个点，帮助孩子提升一个方面，如此，孩子不累，也有效果。当然，钉子钉在哪儿，需要提前选择，和孩子商量目标在哪里，规划怎么做。同时，钉的过程中需要掌握节奏，掌握力度。所以，帮助孩子的过程中，需要注意方法，也需要不断地检查跟进调整，这样才能真正把假期提升落到实处。

结合孩子实际，制定专属假期生活

我们家长需要根据孩子的个体实际、家庭的具体情况、假期的时间安排，采取适合自己孩子的行动。如此，才能让假期学有收获。

1. 基础版。

（1）制订计划——长计划和短计划结合。

假期计划可以采取孩子自己拟、家长建议的方式制订。具体内容包括整个假期的大目标是什么、每周需要完成什么、每天需要落实什么。长短计划结合，同时需要家长进行监督，对每天的落实情况给予反馈，帮助孩子改进第二天的措施。

（2）安全到位——安全意识与安全防范结合。

重视安全，从我们家长做起。面对安全教育，我们不能仅仅是签字了事，更不能心存侥幸，而是从生活细节中，保持对安全防范的敏感和警觉性：教给孩子必要的安全知识，明白必需的安全措施，排除自家的安全隐患，明确居家的安全边界，做足出门必备的安全攻略。如此，才能真正地把安全防范做到位。

（3）作业有效——作业完成和作业检查结合。

用"蛋糕切分法"对作业进行整体规划，每天完成一点点，把大任务分解成小任务，这样，才能避免开学狂赶作业的情况发生。同时，我们家长不唠叨"作业完成了吗？赶紧提前完成假期作业"，而是用检查孩子做了多少、做得如何来代替。

（4）锻炼身体——明确目标与每日坚持结合。

锻炼身体，不仅仅是打卡。比打卡更重要的是锻炼的质量和每天的坚持。因此，给孩子提出可实现、能提高的锻炼目标，并督促孩子天天坚持不懈地完成。

（5）管好手机——手机公约和手机使用结合。

堵塞不如疏导，与其武断地控制孩子玩手机，不如平心静气一起商量假期手机公约：什么时候玩手机，玩手机的时间多长，玩手机的范围，如果违反哪些规则家长可以收回手机使用权。最后，真正严格执行是关键。

2.增值版。

（1）学习一个特长——需要持之以恒。

假期是学习特长的最佳时机，有整块的时间进行强化训练。同时，学习特长，有兴趣仅仅是起点，而学得出色，是个长期的过程，需要耐得住寂寞，受得了清冷。忍耐、坚持，才能实现特长由量变到质变的转换。

（2）补好薄弱学科——保证学习时间。

假期补课，不需要全面开花，而是重点突破薄弱学科，再细化到突破学科中的薄弱内容，并需要付出足够的学习时间。如此，会有意想不到的收获。

（3）提升阅读能力——选择有品书籍。

"爱上阅读的孩子前途无量"，假期是培养孩子阅读习惯的加油站。好书如好友，要选择有品位的书籍，平时没有时间看的好书，陪伴孩子一起阅读。有节奏、有层次、有品位的阅读胜过浮光掠影的浅层次阅读，提升读书品位，才能实现美丽绽放。

（4）提高自律能力——严格执行奖惩。

自律，才是一个人一生中最重要的财富。自律，是所有优秀的人的共性，是一个孩子最该拥有的品格。在孩子没有自律习惯之前，需要家长帮助孩子抵制诱惑，给孩子一个奖惩措施，并严格执行，帮助孩子体验自律带来的快乐。

（5）增进亲子关系——创造陪伴机会。

假期是加强亲子关系的黄金期。所以，多给自己留一些亲子陪伴的时间，创造亲子陪伴的机会，多与孩子互动交流，如此，亲子关系才会变得更加亲密。

3. 拓展版。

（1）拓宽视野见识——来一次与大自然的亲密接触。

读万卷书不如行万里路，孩子生活的广度决定了他的视野。利用假期宽松的时间，来一次与大自然的亲密接触，来一次家庭远行旅游，让孩子在收获身心的愉悦，增进对世界的认识、对生活的观察、对生命的感悟。

（2）提高实践能力——有一次打工体验。

给孩子体验社会的机会，培养社会综合能力，去体验一次挣钱的不易，知道生活的艰辛。但是社会综合实践是否有效果，决定于家长的态度，需要家长狠得下心。

（3）提高生活技能——当一次父母全能保姆。

日常生活中，父母一边为生计奔跑上班，一边兼顾家庭。在假期里，让孩子给父母做一次全能保姆，负责家里的各项事务——做饭、打扫房间、洗衣等，学习生活技能，同时体会父母的艰辛，懂得感恩父母。

（4）提高耐挫能力——来一次有针对性的研学。

生活中总会遇到各种各样不如意的事情，比如学业的失败、感情的失败，现在的孩子心理脆弱，容易感情用事。所以在假期里，创设条件增强孩子的耐挫能力很有必要。我们可以根据孩子的实际情况，尊重孩子的兴趣，选择适合自己孩子的研学营。

（5）培养公益情怀——做一次爱心志愿者。

利用假期，做一次公益活动，当一次爱心志愿者，传播正能量，唤醒良知，唤醒善良，传递爱心和温暖。到社区做一次服务者，去贫困山区帮助失学儿童，到敬老院献一次爱心，等等，做一个有担当的社会人，让自己的灵魂变得丰盈。

祝福我们的家长朋友们，能陪伴孩子过一个有意义、有价值、有快乐、有幸福感的暑假！

63 赞美：你们是不可复制的精彩
——分班时，给孩子们的信

逐梦班的孩子们：

这段时间，我内心一直溢满着深深的惆怅！分班在即，我才深深地感受到，你们是我心里的宝，是我生命旅程中不可复制的精彩！我不知道该怎么形容三年来我们一起经历过的点点滴滴。

三年了，我们一起成长进步，一起享受幸福，一起面对失败与痛苦。我们有过欢笑，有过苦恼，有过波折，有过遗憾……这些都不重要，重要的是我们一起走过的风风雨雨都变成了人生宝贵的历练。我说过，一个不完美的我遇到了一群不完美的你们，最后成长为优于昨天的我们，成就了一段风光迤逦的旅程，流淌在我们的血管里，温暖我们以后的风雨人生。这就够了！

我还依稀记得，三年前你们刚刚到校时的那份天真活泼，那份对未来的美好向往和憧憬。我把你们每一个人都当作一颗优良的种子来培育，盼望你们能生根发芽，长成参天大树。

三年里，我希望你们能有精神的引领！我说过：在奋斗中体验快乐，在快乐中享受生活。我为你们感到骄傲，感到自豪！三年里，追逐梦想，永不放弃，诗意生活，超越自我。你们做到了，我也做到了。因为我惊喜地看到每一个孩子能够在自己初中生活的这段旅程中找到自己奋斗的足迹，找到自己不放弃、不抛弃的痕迹，找到自己那份充满诗意与阳光的日子，你们遇到了未知的自己！

三年里，我知道教育最重要的是陪伴！我做到了。我陪你们走过初一的青涩，适应了环境；走过初二的叛逆，顺利地过渡；走过初三的奋斗，超越了自己！1000多个日子呀，那是用心血和汗水凝聚而成的每一个点滴，虽说不上鞠躬尽瘁、死而后已，却也称得上全心全意、矢志不移。当你们不断地回顾我们走过的岁月的时候，我真心希望那是影响你们未来人生的一段美丽的旅程——用荆棘和鲜花装扮而成！

三年里，规则、感恩、读书、意志、温暖、规划、爱情、梦想、人生，这些出现在我们每一个阶段、每一个学期的词语，都可以用来装饰我们绚丽多姿的人生。我们不一定是最伟大的人，但我们可以做到平淡而不平凡、不平庸！

三年里，我欣喜地看到每一个孩子都发展出自己的一方特长，即使成绩不是最优异，也能竭尽全力。我们只要能把自己的优势和特长挖深、挖细，并持之以恒地坚持下去，就会成就自己的一方天地。够了，我已经很满足了，孩子们！

我们就要分班了，转眼就要各奔东西。在这个执手相看泪眼的时刻，有几个关键词语，我想和你们分享一下。

（1）关于奋斗。奋斗不是一个阶段的事情，而是一辈子的事情。一个真正能做出一番成就的人，不会因为暂时的成功而忘掉自己赶路的方向！这段时间，我们并不是在停留，而是暂时小憩，为下一次的出击蓄力。不要以为奋斗会高大上，只需要着手做好身边的每一个细节，就能成就奋斗中的自己！

（2）关于规划。时间给勤奋的人带来智慧和力量，给懒散的人带来悔恨。别人在专心听讲，你却心猿意马；别人在认真做笔记，你却机械记忆；别人在积极学习，你却我行我素；别人在认真做作业，你却图完成任务；别人在温故知新，你却心不在焉；别人在不断奋斗，你却得过且过。你想，这样的人生会走向什么？所以，我希望孩子们做事情条理清晰，分清主次，珍惜以后的时间，善于利用零碎时间，积少成多。

（3）关于自律。高度自制才有高度的自由。逃避永远培养不出自制。我们需要对自己的人生负责，需要自觉主动地去面对每一件事情，这样的人生才会精彩。任何一个被动学习、不懂得自我约束的人，都不会走向更美丽的远方！自律的人懂得自我约束，知道自己在干什么，懂得为自己的人生负责，为自己的前途负责，他懂规则、知进退、懂分寸，高度自觉、积极主动。就像这段时间，最能检验一个人是否有自律精神。保送考试也好，升学也罢，最后成功的人都是自律精神特别强的人。

（4）关于家庭。孩子们，以后你们会成为丈夫或者妻子。一个家庭的幸福，就在于两个人互相包容，互相理解，互相欣赏。婚姻只有适合与不适合，选好自己的另一半，不要太挑剔，适合的就是最好的。

送给男生的 6 个礼物：坚强勇敢的意志；勇于担责任的勇气；谨慎自制的智慧；宽容谦虚的风度；团结合作的精神；心存远大的志向。记住：男生绝对不能做一个不求上进的人，懒惰是男生的大忌。

送给女生的 6 个资本：学会处理自己的感情，不做感情的奴隶；内外兼修，成就优雅气质；适合自己的运动要坚持下去；保持乐观宽容的心态，成就幸福的人生，善良是一个女人永远的通行证；女人需要独立，才会被人尊重。记住：对于女生来说，修养比颜值更重要。

孩子们，三年了，我的千言万语无法通过我笨拙的笔倾泻出来，而我们共同经历的 1000 多个日子将会变成珍宝，定格成无可复制的精彩，在我们的心底熠熠生辉！与你同行，青春无悔！

爱你们的小霞

2016 年 5 月 16 日凌晨

64 感恩："有一种想哭的感觉"
——投票后，给家长的一封信

亲爱的博静班家长朋友们：

在我心中，你们既是我的朋友，也是我的伙伴——一起照顾孩子的一群伙伴，一起携手走过三年的一群伙伴。遇见一群可亲、可敬、可爱的家长，我非常幸运。

2018 年伊始，我们共同呈现了一个多么珍贵的礼物——大家齐心协力，共同奋战，坚持了整整五天的节目投票，最终以绝对优势取得了第一名。

我们欢呼，我们激动，正如大家说的："有一种想哭的感觉"！这样的结果，不是哪一个人的成绩，也不是哪一个人的荣誉，这样的桂冠属于我们博静班的每一位家长，属于真心为班级付出的博静人。

投票没有任何经济价值，但精上神的追求，不需要任何外在的物质和名利来肯定。更为重要的是，投票过程中的投入、团结、奋进、不抛弃不放弃，早已汇聚到我们每一位家长的心灵里，融进了我们的骨髓里，变成了这个新年给自己的最好的珍宝。

等有一天孩子们毕业了，等有一刻我们都老了，我们还会骄傲地说："每一位博静人，曾经，那么投入地为共同的目标疯狂过，努力过，争取过，坚持过，奋斗过！"这是一件多么波澜壮阔的事情呀，这是送给自己的孩子和我们的人生的一笔多么可贵的精神财富呀！

亲爱的家长朋友们，回想我们投票的每一个细节，我的心情和你们一样激动。回想起我们投票的历程，那真是惊心动魄，回环曲折，极其险峻。

开阔的大江奔流是一种境界，回环曲折也能妙趣横生。这一路经历的故事那真是回味无穷！

这一路上，我们收获了信心。任何一件事情，没有不可能，只有不敢想，不敢做。我们无法可想，一个票数倒数第一的班级，最后赢得正数第一的票数，我们居然做到了，而且是我们亲自参与后做到的。集体的力量是强大的，它能迸发出耀眼的火花，正如家长们说的："星星之火是可以燎原的。"微弱的光也能散发出巨大的能量，只要我们敢去做，没有不可能。我们可以挺直腰板对自己的孩子说："我能，你也能！没有不可能！"

这一路上，我们收获了团结。每一位家长，劲往一处使，心往一处想，能动员的关系都动员了，能想到的法子都想到了。每天早上醒来第一件事就是投票！为了拉票，爸爸妈妈一起上，爷爷奶奶一起上，亲朋好友一起上！亲朋、同事、客户，来啊，帮我们投票啊；一起登山的、一起唱歌的、一起美容的，快啊，帮我们投票啊！朋友在熬夜的，一个电话打过去——帮我们博静班投票啊！同事不会投票的，手机拿过来，我来帮你投！

能鼓动的都鼓动，发微信群、发 QQ 群、发朋友圈，每一个人都全情投入！亲爱的家长朋友们，想到这些，我禁不住热泪盈眶，一个强大的集体能爆发出如此惊人的力量，如果没有对班级强烈的归属感，怎么会爆发如此超乎寻常的原动力！我们虽然平凡，但绝不平庸；我们虽然微小，但意志强大。一起凝聚起来的动力是伟大的，一起互相鼓励的力量是巨大的，这就是我们"人心齐，泰山移"的魔力呀！

这一路上，我们收获了方法。我们不断给自己定一个小目标："在这个群里，一家人不说两家话。""我们努力突破 5000 ！""我们争取到第五、第四。""向第三迈进，向 20000 票迈进。""我们争取保三进二。""与第二名相差1518票了，加油！""与第二名相差 618 票了，加油！""最新战绩，比第二名多 860 票了！""看朋友圈，有起床的，先一对一发。"我们不断地给自己定目标，最后走向了巨大的成功！

这一路上，我们收获了正能量。投票途中，有一点小误会，大家互相帮着解释："你的心意大家都明白，有没有名字不重要的，那只是一个形式，有这份心才是最重要的。""在这个群里，一家人不说两家话，大家努力，大家都高兴！""一个人力量有限，但大家的力量是无限的。""所谓的正能量不是得意时的花言巧语，而是关键时刻拉你一把。""大家一起努力，坚持到底。""没人追，就没有动力！""每天睁开眼睛的第一件事情就是投票。""每次打开链接，票数都在不断刷新，再一次见证大家的努力！""雄起，雄起，突破万。""大家在群里都吼起来。""团结就是力量，这力量是钢，这力量是铁！""只有走出来的精彩，没有等出来的辉煌。""与第一名差距拉近，还差 1274 票。""发个红包，提提神。""还要加油，还有两个小时，博静班就可以拿到第一名！""最后二十米，全力以赴，冲……"

亲爱的家长朋友们啊，你们就是太阳，照到哪里哪里亮，这样的精神将潜移默化影响着我们的孩子，相信，言传身教的力量是巨大的！

亲爱的家长朋友们，你们的精神鼓励着孩子们。一路走过酸甜苦辣，留下的是你们的精血诚聚：当你在为班级投票的时候，你已经把这儿当作大家庭了，你的孩子因此感觉到温暖；当你在默默付出的时候，心里面已经认同我们这个温暖的团队了，你的孩子已经在集体中有了安全感；当你在呐喊，说明你已经把集体的事情当作了自己的事情，你的孩子也会在集体中非常努力、非常投入地学习；当你全情投入地为了共同的目标，你已经成为孩子的精神榜样，你的孩子有了精神的信仰，开始投入到紧张的复习中。你就是一个鲜活的榜样呀！

亲爱的朋友们啊，你们的精神同样鞭策着我这个班主任啊！努力做得更好，争取让你们更加满意，请相信！如果我没有做到完美，请多多谅解，请悄悄和我交流，只要对孩子有用的，我一定会改进；如果有更好的班级建议，我也期待，一个班级的卓越，需要大家一起策划，共同努力，你们是博静班的坚实后盾！

亲爱的家长朋友们，我们爆发出如此强大的精神动力！同理，我们面对自己孩子的成长，面对孩子的教育，一样能够成功！你的孩子也许不是最优秀的，但是别怕，用"投票精神"去鼓励他，帮助他；你的孩子也许作业马虎，别怕，用"投票精神"去督促他；你的孩子也许暂时懒惰，别怕，用"投票精神"去监督他！一切皆有可能。不信吗？马上试一试，改变就在一瞬间，奇迹就在一刹那！

这次投票活动，我们收获了共同目标的锻造、思想情感的升华、同呼吸共命运的温暖！但这仅仅是一条射线。未来，面对孩子，面对班级，面对家庭，面对困苦，面对彷徨，等等，我们都可以发扬"投票精神"。记住，这儿就是您的心灵栖息地，我们和孩子一起共成长，参与就有惊喜，行动就有奇迹！一起走过的日子，都是似水年华！就想，一直这样美下去！一直，直到永远！

永远站在你们后面的忠实老班：小霞

2018 年 1 月 3 日晚

65 引导：人生不止四季，还有一个毕业季

——毕业时，给孩子们的信

亲爱的孩子们：

今天毕业了，三年陪伴，无尽相守，怀念那些相爱相杀的岁月。今天我们毕业了，明天我们就要相忘于江湖，忘记是为了更好地铭记。你的初中生活画上了一个完美的句号。美好也罢，痛苦也好，快乐也好，伤心也罢，一切都已经成为过去，三年里，我努力让大家成为更好的自己，期待你们成为自己想要的样子。

回首走过的日子，三年里，我们一起分担痛苦，一起预约幸福，求知在一起，成功在一起，失败在一起，成长在一起，幸福在一起。

曾几何时，野炊场上，你吃我的，我吃你的，虽然是厨艺不佳，却有滋有味；曾几何时，运动会上，我们一起呐喊，共同加油，一起倾听心灵碰撞的声音。

忘不了，跋山涉水，我们一起沐浴阳光，和鱼儿一起嬉戏，一起寻找心愿瓶；忘不了，红歌会上，我们高唱"同舟共济海让路"。

我还忘不了，在青春的街道上，我们发传单，卖气球，虽然挣的钱寥寥无几，但却体验了生活的艰辛；我还忘不了，缙云之巅，和家人一起烙下脚印，和同学一起青春放歌！

同样忘不了，感恩母亲班会，我们都沉浸在温暖的啜泣声中；同样忘不了，感恩老师班会上，你们说，"吴老师，我爱您，吴老师，谢谢您"——触动了我最柔弱的心弦，让我的泪肆意地流淌。

即使在迎接中考最紧张的关头，我依然陪伴你们，向自然敞开心扉，去感受父母的力量，去体验同学的温情，让风筝与我们的梦想翱翔在浩瀚的蓝天！三年里，我们坚持在寒风中晨练；三年里，我们坚持图书馆永不闭馆；还有我们的每日练笔，集体生日会，家长百家讲坛。这些都融进了我们的血管里。

我说过，这三年，我陪伴你们成长，制造最美好的回忆，让你们的梦更美，我做到了。毕业前夕，你们说：老师，你不是我人生中的过客，你是我生命中的贵人！这是对我三年付出最高的评价！孩子们，你们说，春笋班创造了一个神话，一个传说。这是我们一起用梦想编制的精彩呀！

孩子们，你们毕业了，请永远记住我们春笋班的内涵：持之以恒，勇往直前，热爱生活，超越自我！与你相约，青春无悔！

毕业的今天，我只想送几句话给大家。

第一句话：热爱生命，永远不要做践踏生命的事情。好死不如赖活着，活着才能遇见美好。三年里，我们从开学的扑克游戏开始，建立了规则，建立了班级，培养了每一个都能独当一面的人，做了职业规划，开发了爱情课程。别人都说我们班级活动最多，别人都说我们班级的孩子最活跃，愿你们做一个有思想的人，有创新精神的人，敢于颠覆认知的人。

第二句话：永远要孝敬自己的父母，因为这个世界上只有他们对你是最无私的。三年里，我们和你们家长成立了陪伴团，一起野炊过，一起组织举办家长论坛，一起挑战 100 天日记，太多太多的美好。

第三句话：学习是一辈子的事情。靠山山倒，靠树树跑，靠自己最好，有实力的人最后是会得到肯定的，未来有多精彩，就看你对世界有多少付出，所谓种瓜得瓜、种豆得豆。

第四句话：我们与梦想，只差一个出发。所有的伟大，都是从微不足道开始的，所以千万不要高不成低不就，从最基础的做起。

绝对不要放弃，如果飞不起来，那就跑；跑不动，那就走；走不了，那就爬。所谓成长，就是在通往最好的自己的这条道路上，保持前行的姿势，踉踉跄跄受伤，跌跌撞撞坚强。

第五句话：君子爱财取之有道，千万不要在钱上面出问题。一个人一辈子，不要陷入金钱的泥潭，人生有太多美好的追求，虽然没有钱是万万不能的，但是钱只是人生的一部分需要，更重要的是人的精神幸福。

等同学聚会的时候，你们要整整齐齐到达。期待十年后再次相会！生命不息，奋斗不止！人生，说长也不长，说短也不短，愿你一路前行，不负少年梦！愿你出走半生，归来仍然是少年。

永远的老班

2019 年 7 月 1 日

66 涅槃：最好的课堂，永远在路上

——研学后，给孩子们的一封信

亲爱的孩子们：

最好的课堂永远在路上。经过五天的研学活动，我们收获了不少，比如认识了美丽的郑姐姐，在她的身上我们能感受到很多的美好，同时我们也收获了见识和快乐，收获了成长的蜕变和人生的积淀。今天，我要和大家，一起谈谈这次研学我们到底收获了什么，得到了什么。

关于发现更优秀的自己

这是我们的第一次研学。走向远方的我们，遇到了一个更优秀的自己，发现了未知的自己。本次旅行中，身为干部的同学们，表现出了非同一般的责任感：我们的张剑同学，获得了最佳表演奖，每天的总结那可是入情入心，一个舞蹈轰动全场；我们的刘厚勇同学，一路上为我们收作业，每天坚持，无一懈怠，在旅行的途中找到了成长的动力；我们的卢新宇同学，一路上照顾着同学和老师，表现出绅士的风度，人最重要的品质是有责任心；我们的俊男，一路上勤奋地照相、勤快地演节目，在旅行中，我们看到了更积极向上、更优秀的俊男；我们的李佳怡同学，让我们看到一个情商超高的魅力女孩；我们的袁子涵同学，表现出顾全大局的睿智；我们的刘宏宇同学，一路上幽默风趣，给我们带来了开心和快乐；我们的大洋同学，一路上体贴温和，让我们看到未来的大洋，他一定会成长为优秀的暖

男；我们的曹昆同学，节目表演时光芒四射、才华横溢；我们的诗序同学，一如既往地独立有思想；我们的鑫瑶同学，每天坚持做美篇，精益求精地修改，表现出追求卓越的精神；我们的诗怡同学，一路上礼貌有加，简直无可挑剔；我们的农源同学，电脑技术精湛，让我们啧啧称赞；我们的王广同学，一如既往不给任何人添麻烦，有内涵有修养；我们的雷琴同学，一路上突破着自己；我们的张鑫同学，永远那么单纯美丽善良！

恭喜我可爱的孩子们，在研学中，表现出更精彩的自己！

本次研学是我们学校的第一次尝试。研学旅行，首先是研学，然后才是旅行。这是我们的一种新型的学习方式，真正的研学需要提前学，路上学，延续学。我们做好了路上学，愿大家能够把这份学习的积蓄变成一份力量。

旅行的意义在什么？在于遇到更好的自己，当我们归来的时候，内心更加平静，眼界更加开阔。真正的旅行者，知道自己远行的意义、想要什么，能通过外在的观察，思考自己的人生，思考生命的价值和意义所在。这样，走在路上才踏实。所以，为什么每天我要求大家记一记自己的感受？就是把外在内化成心灵的反思。

原来，在研学中，我们需要深化自己！

关于更真实的自己

在路上，我告诉大家："如果将来大家到了找对象的年龄，你想彻底了解他（她）是否值得交往，建议你去旅行一次吧。因为旅行中可以看到一个人真实的一面。"旅行，可以把我们平时看不到的另外一面展现出来。这一次，我看到了有的同学比较内敛，有的同学张扬，有的同学体贴，有的同学勤快，有的同学能持之以恒，有的同学却半途而废。还有吴老师我，容易走丢，这说明吴老师是依赖心很强的人。

然而，孩子们，在这次研学中，有的同学是不是打着去学习的旗号，喊着认真学习的口号，感性地走了一圈，放纵了一把？研学不是万能钥匙，如果你的内心不愿意澄澈，那么再远的旅行也无法荡涤心灵。人生的远行是有限的，而人生的修行却是无限的，愿还没有腾空自己的心灵的孩子们，针对自己纠缠不清的情绪，继续在假期里修炼吧。

研学，让我们看到更真实的自己！

关于善待身边的人

孩子们，这几天和郑姐姐相处融洽，在闭营仪式上，我们齐声喊出："郑姐姐，我们爱你。"看到这一幕，我为孩子们感到骄傲，因为你们都是一群有情有义的人。

小郑姐姐是个很值得我们喜欢的姐姐。我们能在短短的一周里喜欢上我们的小郑姐姐，能情不自禁表达自己的情感，对我们的父母，是否也同样如此呢？"儿行千里母担忧"呀！

大家是否还记得，那天晚上晒礼物、发语音的时候，你们的爸爸妈妈多么激动，多么感动，多么兴奋，多么幸福！然而，当我们发视频的时候，大家却羞于向爸爸妈妈表达。孩子们呀，请善待我们身边的亲人，不要因为觉得太熟悉而觉得理所当然。这个世界上，没有一份感情能与父母的爱等量齐观，没有任何一个地方能与家相提并论。

我很欣赏俊男同学给妈妈发的语音中，直接向妈妈表达：妈妈，我爱你。是的，爱需要表达，更需要向自己最亲近的人表达！因为他们已经等待很久了……

关于未来的自己

孩子们，研学旅行更为重要的意义是，走出书本，走出校园，把有意思的事情做得有意义。走出校园，走向远方！让学习发生在更深处、更高处。

研学旅行是另外一种方式的学习和阅读，把收获用来指导我们的未来：我们玩过的游戏，我们看过的风景，我们遇见的人，我们经历的事情，都是人生的养分，滋养我们未来的路。

生命的成长，不是在自己狂热的时候实现的，而是在明确了自己生长的方向之后。我们要真正沉静下来，好好思考我们自己，思考我们的未来，思考我们的人生，思考我们缺的是什么，思考需要提升的是什么，思考人生成长的印记是什么。人，总要在不断反思中听到生命拔节的声音……

这个假期，我们因研学变得生动而丰盈！

带着你思考的小霞

2018 年 7 月 21 日

67 点拨：如何带孩子走出网课疲惫期
——上网课时，给家长的一封信

在这个超长的寒假，作为家长，大都经历了兴奋陪读、斗智斗勇、愤怒巅峰、无奈将就、盼望开学这样一个反复不定、惶恐焦虑的经历，而学生也经历了疲惫期。

疲惫期是什么？为什么会有疲惫期？这两个问题是我们必须了解的。一开始大家都会对这种线上授课的模式产生好奇心，无论当时适应与否，大家在听讲的过程中肯定是很专心的，当适应了这种模式以后，学习效率就会提高。可是经过一段时间的学习，那种新鲜感渐渐消失，有些同学就会慢慢觉得枯燥、无趣，再加上在电脑和手机上学习，注意力变得很难集中，学习效率自然就下降了。这就说明，我们进入了网课学习的疲惫期。

作为家长，是不是终于有机会了解自己孩子真实的学习状态，感受这些小"神兽"的振振有词与贪玩心态，更体会到老师每天面临这群学生的不易和艰辛？

不管怎样，好在就要开学了，孩子可以送到学校了，但是这段超长版假期的经验，我建议总结下来，并成为我们家长的金律。

告诉您一个真相：开学后，家长也不能大撒把

1.开学了，我就可以安心上班了！

也许，我们心里会说：开学了，我就可以摆脱"神兽"的折磨，不用

给他做饭，不用天天和"神兽"斗智斗勇，不用担心被群里各种信息干扰，或者被老师批评"监督不到位"。可是真的就可以安心了吗？

您才是孩子永不退休的班主任，您才是孩子永远的导师。老师只是陪伴孩子短暂的几年，而您却要陪伴孩子一辈子。越是逃避眼前的现实，越会陷入痛苦的境地。

2.开学了，孩子就不会这么懒散了。

一些孩子不愿意上网课，不愿意按时作息，不愿认真完成作业，表面看是疫情惹的祸，其实是孩子长期养成的学习习惯、思维观念导致的。开学后，如果孩子学习习惯、思维观念方面没有改变，到了学校也很难改变。

平时孩子在学校学习，父母没有亲眼看到他的学习状态，总是想象他在学校很认真。现在全天候陪伴，您看到的孩子在网课面前的样子，就是他在学校上课的样子，这才是孩子最真实的状态。

了解了这一点，您还需要明白，孩子不是到了学校就自然改变，关键还是在于自律和习惯。

3.开学了，老师比我更会教育孩子。

也许，您会说：我不是老师，不懂教育。开学了，老师比我更会教育孩子。谢谢您对老师的信任。可是，我却要说，如果按照这样的逻辑，现在网络授课，各种优质资源、名师资源随便听，为什么有的孩子还是没有改变？决定一个孩子成功与否的是习惯、品德、修养、人生观和价值观，家庭教育在其中起很大作用。

学校教育当然非常重要，但老师的教育无法代替家长的作用：孩子从小接受的环境熏陶、成长陪伴，哪一样离得开我们家长？最好的老师是父母，最好的学校是家庭！孩子的习惯、意志、心态，都与家庭教育息息相关。

家庭教育不到位，学校教育做得再好也难以回天。教育，从来不是哪一方孤军奋战，也不能完全期待学校教育对孩子的改变。家庭教育发挥应有的重要作用，学校教育才可以起到更大的作用。

兼顾几个身份：要改变孩子，先改变自己

我们与其把希望寄托在开学上，不如寄托在自己身上；与其抱怨孩子，不如一起动动脑筋，帮助孩子。改变孩子，先改变自己！那么，我们需要兼顾哪几种身份呢？

1. 把自己调整为农人——多一点精心。

我们先把自己当作农人，家庭是土壤，孩子是我们播下的种子。我们需要精心地种植、施肥、除草、打药、收割。我们要做到"晨兴理荒秽，戴月荷锄归"，亲力亲为地培育，小心翼翼地陪伴，全情投入到孩子成长的全过程中。这才是最好的农人，才能种出最好的"庄稼"，才能收获作为农人的幸福！

当然，我们也不能揠苗助长，必须学习、观察，了解种子生长的规律，切不可急功近利、急于求成，以免害了孩子而不自知。

假期里，家长是孩子学习的第一责任人，精心地陪伴孩子上网课，是第一要领。没有哪个农人是凭三天打鱼两天晒网的方式照顾庄稼，最后有好收成的！唯有精心经营，才有累累硕果。

2. 把自己调整为理发师——多一点狠心。

据说，一个好的理发师，在顾客坐下来的那一刻，一般不会急于动刀，而是先整体思考：看看你的头型，摸摸你的发质，听听你的想法。做好沟通后，才开始大胆理发，同时通过不同角度观察，再反复修剪。

所以，一个好的理发师，总是大胆果决与细腻谨慎相融，大刀阔斧与精雕细琢相辅。试想，如果一个理发师每一刀都理得瞻前顾后，犹豫徘徊，那么顾客会不会对理发师心存怀疑、战战兢兢呢？

同理，我们做家长的，面对孩子不愿意早起、不愿意上网课或者上网课玩手机，也需要整体思考：孩子为什么不愿上网课？如果是孩子自身惰性的原因，我们就需要像理发师一样，大刀阔斧，狠心一点，该定规则的定规则。

像理发师修剪头发一样去修正孩子的错误，是我们作为家长者义不容辞的责任！

3. 把自己调整为魔术师——多一点恒心。

魔术师的特点是心理素质过硬，手上动作要快，具备一些物理化学等专业知识，善于利用道具或者手法，把不可能变成可能。

这个假期，我们有足够的自由分配的时间，为什么不把这个加长版假期作为孩子逆袭的机会呢？我们完全可以充分利用"网课"这个"道具"，借助充足的时间和网络资源，为孩子量身打造一个逆袭方案，把不可能变成可能。

亲爱的家长，做一个聪明的魔术师吧！静心审视自己的孩子：他到底是自觉的，还是不自觉的？他需要我们提供什么样的帮助？分析后再制订逆袭方案，并多一点恒心。请相信：您的孩子有您的呵护，就会有奇迹！

采取一定的行动：执行力才是孩子逆袭的关键

亲爱的家长，我们虽然不需要把孩子的教育完全寄托在开学，但需要为开学做好充分准备。有了认识，关键还是行动。立即行动就是最好的执行力！那么，我们怎么做呢？

1. 认识篇：组织一场家庭会议，帮助孩子复盘这段时间学习网课的过程，理智分析这段时间的得失，并进行自我修正。

2. 梦想篇：帮助孩子回顾自己的梦想，制定相应的远期目标、中期目标、近期目标，并思考什么样的行动可以让目标看得见。

3. 承诺篇：家长和孩子共同商定一个全家人的行动契约，每个人到底怎么做，做好了怎么奖励，没有做好怎么惩罚，真正地落实到位。

4. 魄力篇：把影响孩子心智的电子产品、游戏工具等进行一次大清理，由父母保管，并定好限时玩耍的时间。

5. 作息篇：为了监督孩子做到按时早起，举行上课仪式——穿好校服，整理书桌，课前播放上课铃声，模拟学校上课。

6. 沟通篇：扮演一次家庭主播父母，拍一段自己的视频，录一段心里话，让孩子听到看到，从而理解父母的苦心。

7. 效率篇：制定一个时间管理表，把当天的事情进行整体规划，采取要事第一的原则进行事务安排，从而提升孩子的做事效率。

8. 陪伴篇：做一个旁听生坐在孩子旁边，和孩子一起学习，了解上课内容。让孩子亲眼看到父母学习的认真和专注，发挥身教的作用。

9. 调整篇：为了拉近亲子关系，可以每天来一次"一分钟倾听、一分钟赞美、一分钟鼓励、一分钟矫正"，发现孩子的优点就赞美，发现孩子的问题就引导。

10. 监督篇：每天一次大检查，真正落到实处地检查孩子的作业，查看群信息，关注孩子的表现，兑现家庭契约。

11. 身体篇：每天运动半小时。身体是第一位的，是防疫的关键保障。每天做好眼保健操，保护好孩子的眼睛，同时陪伴孩子进行体育锻炼。

12. 阅读篇：共享亲子阅读时光。每天晚上和孩子一起亲子共读。一个热爱阅读的孩子永远不会学坏，一个热爱阅读的家庭是不断成长的学习型家庭。

13. 意志篇：打好持久战，做好"坚持坚持再坚持"的准备。陪伴孩子需要坚持不懈，不能三分钟热度，这是一个长久的告白。

亲爱的家长朋友，现在，您的家庭就是学校，您的家庭就是教室，您的家风就是班风。为了孩子，愿我们一起努力，共同关注孩子的学习状态，了解孩子的学习内容，检查孩子的学习效果，为开学做好充分准备，最大的依靠是我们家长自己！

68 热爱：只因我心里有你
——复课时，致学生的一封信

开学了！一个小男孩在班级里接受采访——

"再不开学我妈要疯了！""那来到学校，老师不会疯吗？""不会，老师受过专业训练，'抗疯能力'比较强！"

孩子，老师不是本就"抗疯能力"强，是因为他们心里有你！

这个假期，因为疫情，老师摇身变成"主播"，一路坎坷摸索，走过了漫步云端的网课，慢慢步入"脚踏实地"的复课，如今正式开学，心中难免思绪万千，百感交集。

作为一名老师，我们到底在想什么，我们在做什么？我想和孩子们说说心里话，体会这个特殊时期的老师百转千回的心路历程……

网课：纵然十八般武艺，上到能"发疯"

自从假期开始，老师变成"十八线主播"以来，不必说卡网、静音、断线、黑屏的问题，也不必说噪音、回声不绝于耳，甚至哭声、打骂声、狗叫声、鸡鸣声也一应俱全，应有尽有，单是每天的日常工作，便有无限苦辣心酸。

1.秒变"债主"：作业，催着催着被拉黑了……

每天，不仅要当主播，还逼着自己当"债主"。变着花样布置有趣作业，想着法子精简题目布置有用作业、素养提升作业，纵然有十八般武艺，七十二般变化地激励、点评，最后始终有人不交作业。

呕心沥血改作业，还需"夺命连环催作业"。微信群里私发，未果；打电话，答应要交，最后依旧未交；再打，无人接听。催着催着，听说家长退群了；催着催着，听说被拉黑了……

2.秒变"警察"：上课，上着上着学生不见了……

上网课，形成条件反射，说得最多的一句话是：听得到我说话吗？每天备课费尽心思，讲得激情澎湃，本想是一群人的盛宴，最后是一个人的狂欢。仿佛近在咫尺，却又隔网相望。开始点名，全员都在；打开视频，头发蓬乱；上着上着，头像还在，人却不在！哪儿去了？怎么办？老师秒变"警察"：追踪调查，群里寻人启事，给家长打电话……后来，看着睡上回笼觉的学生，我明白了什么叫作：网课，上着上着，学生就不见了。

3.秒变数据员：表格，报着报着还是蒙了……

除了上网课，各种各类的表格，接踵而至；一波一波的资料，需要完善；各种会议需要参加。统计信息，呼唤家长，查姓名，查住址，查行踪，无休止地问，不间断地写……秒变数据员，告诉自己，每天我还能填表，这是在做有意义的事，说明我还是一个有用的人。可是一波还未平息，一波又来侵袭，最后，报着报着，还是蒙了……

4.秒变"傻子"：抽问，抽着抽着网就卡了……

不提问，老师讲得是信心百倍；一提问，群里打出字，后面全跟风；开麦答题，全场安静。"某某某，在吗？"一片安静。"某某某"继续沉寂！"哟，人呢？禁麦了吗？"从遥远的云端，终于传来久违的声音："老师，我家摄像头坏了。""我的麦克风有问题！""老师，刚才打不开麦。""老师，我的网卡了，信号不好。""老师，我听不见你在说什么。"

慢慢地，我已清楚：网课抽问，抽着抽着，网就卡了……

5.打回原形：测试，测着测着就傻眼了……

测试前，对于网课成功自信满满；测试完，才发现原来那都是自认为的成功。测试前，我以为自己是"李佳琦"，学生都是"李子柒"。测试完毕，一看成绩，我和学生，彻底地放弃了幻想，打回了真实的"原形"。原来，理想与现实，还是隔着像互联网一样虚拟的一段长长的距离……

复课：不仅很忙碌，更是在闯关

网课只是序曲，复课后，真正的剧场才开始。

防疫时期，大家对老师的期待：教学上像教授般无所不知，生活上像保姆般无微不至，遇到问题像医生般无所不能，一个学生都不能掉队。

复课后，各种会议，各种准备，健康防疫、开学第一课、家长表格等蜂拥而至。真正的战斗才刚刚开始！

1. 心理关——由网课到复课，如何适应？

上网课，授课方式、授课地点、改作业方式变化了，经过了两个月，变回学校教学，心理能否适应？再加上因为疫情防控增加许多工作量，还有自己的家庭事务要兼顾，老师的心理落差难免拉大，如何适应？此时，要闯关！

2. 健康关——我们老师自己是否会被感染？

学生来自不同的家庭、不同的地方，老师在教室里上课，和孩子们接触最多，这样就增加了相互感染的风险，万一自己感染了疾病怎么办？此时，要闯关！

3. 教学关——学生两极分化，该怎样上课？

上网课，孩子自律，家长负责，和在学校学习没有区别，可是家长没空、自律不够的同学，知识几乎空白，跟不上进度，班级两极分化严重。讲新课，学困生跟不上进度；复习网课内容，网课优秀的同学没有兴趣。老师陷入了进退维谷的境界，该怎样上课？此时，要闯关！

4. 管理关——学生懒散惯了，我们怎么办？

由于接近三个月的超长版寒假，放纵自己太久的学生们，在家里与手机为伴，与懒散为伍，熬夜、睡懒觉、玩游戏，生活没有规律，学习自在轻松，现在回到有组织、有纪律、有要求的集体学习生活，突然的节奏变化，学生是否能承受？管理是否有冲突？家长是否会配合？作为老师，我们需要闯关。

5. 考核关——疫情当前，考得不好怎么办？

复课的首要任务是防疫健康，但是防疫并不意味着教学方面的考核就能放下，毕业班老师有升学压力，非毕业班老师有教学成绩压力。网课学习效率虽低，但教学任务不变。此时，我们需要闯过压力关！

行动：把"灾难片"拍成"好莱坞大片"

如今，复课的号角已经吹响，我们并不能因为闯关艰难而退缩，而是要收起行囊，做好准备，想想我们的抗疫英雄们，带着勇敢的心，带着速度与激情，让"幸福来敲门"，走向复课的美丽人生。不把复课当作"灾难片"，而要拍成多部"好莱坞大片"。我们在行动！

1. 调整心态的励志片——自我胜利法。

复课终究要到来，不管困难再大，也要学会面对，且是用积极的心态面对。作为教师的我们，要接纳现实，该来的总会来的，沉着就能应对，冷静方能清晰，尽可能地思考好一些预案。相信"只要肯用工，方法总比问题多"。

2. 自我点燃的欢乐片——来一次改头换面。

人的心情取决于自我调节。复课前，把自己的发型收拾干净，去商场买一套新衣服。剪个头发，可以换个心情；买套新衣，心情可以翻新。点燃自己内心的欢乐，以饱满的热情迎接复课。

3. 诊断学情的侦查片——多做问卷调查。

我们提前用问卷星、平时的作业等方式，针对一个个知识点进行诊断侦查，学生空缺在哪儿，老师自己要做到了然于心，成竹在胸。

4. 自我复盘的教育片——定制私人自查表格（见下页）。

复课前，作为老师，我们要慢慢退出主播角色，让学生上台做主角。所有的教不如自学、自我教育。用表格教会学生自我复盘，自我教育，自我总结，让学生自我明晰弥补的方向和方法。

5. 助力家长的家庭片——布置复课前家长作业。

复课前，与家长深入沟通，让其做好调整学生饮食结构、调节生物钟、准备学习用具等常规开学安排外，特别注意和孩子的倾心谈心，帮助孩子度过心理危机。尤其是抗疫方面的注意事项，要形成家校合力。

自查人：		自查时间：	
本应该掌握的知识点			
已经掌握的知识点			
还没有掌握的知识点			
我面临的机会			
我面临的挑战			
我该如何攻克			

6. 走心贴心的温情片——送开学大礼包。

复课前，给每一位学生准备好一份贴心的礼物，把温暖送给每一个孩子，为复课创造暖心走心的磁场。给孩子快乐，就是给我们教师自己幸福。

7. 安全有序的旅游片——规划"神兽归笼"路线图。

孩子们回到校园，第一件事就是熟悉校园防控疫情的新举措和注意事项。于是，我们规划好回校"旅游"路线图：校门口—教室—厕所—食堂—操场—小卖部—医务室—寝室—多功能教室。一边"旅游"一边带着孩子们亲身体验防疫的注意事项和具体操作。这比枯燥的讲解更能深入心灵。

8. 内化于心的竞技片——一日常规擂台赛。

防控疫情，安全重于泰山。如何才能把防疫知识真正地内化于孩子们心里呢？来一场"一日常规"防疫知识的"擂台赛"，把防控的日常生活细节做到实处，做到孩子们的心灵深处。

9. 注重民主的法制片——罗伯特议事定复课公约。

从上网课回到学校课堂，不管是礼仪穿戴、出行常规还是作业学习等，都需要重新制定和班级文化相符的班级公约。此时，用罗伯特议事的方式制定出民主的公约，更容易让复课同学接受。

10. 神圣严肃的仪式片——"和手机说拜拜"的复课礼。

上网课时，电子产品控制了孩子们的生活。此时，需要家长和老师以决绝的态度，来一场"和手机说拜拜"的复课礼，定好手机契约，为避免之后因手机引发冲突做好前期工作。

11. 树立榜样的英雄片——评网课自律小达人。

复课后，要想让班级迅速收心，不妨树立班级榜样，评选网课期间的自律小达人，让他们宣讲他们的自律故事，在班里传播正能量，从而开启新的复课生活。

12. 审视作业的惊悚片——来一次网课作业大展台。

为了规范作业，把网课时期的作业，在大家都不知道的情况下，来一次大型展示，给孩子们一个震撼，让大家看到认真与不认真的差距，从而把注意力指向复课后的作业质量。

13. 复学收心的规划片——用 SMART 原则制定目标。

一个人有目标，才会有努力的方向，才会更有动力。让学生制定复课后的目标，并运用 SMART 原则，使目标明确具体、可量化、可实现、与现实相关联，并有时间限制。如此，增加孩子们复课的动力和信心。

14. 结合实情的 AB 剧——开启分层混搭课。

复课后，由于班级学生人数较多，需要拉开防疫空间，正好一个班级分成两个班，那么分成 AB 两班，进行分层教学，把线上资源丰富的特点与线下互动的优势相结合，使孩子们顺利实现从网课到线下课的过渡衔接。

15. 劳逸结合的小插曲——开启课堂"咖啡茶歇"。

为了避免同学们无法适应线下课堂的强度，用中途放音乐、放视频或者组织各种情景小活动等方式开展"咖啡茶歇"，做到劳逸结合，舍弃疲劳战术，让孩子们逐步适应复课后的课堂生活。

16. 培优补差的纪录片——打造小组"复课者联盟"。

面对学习两极分化，我们需要打造小组"复课者联盟"，优秀的同学化身小老师带动后进的同学，并每天对帮助的效果进行记录评比，从而达到学习齐头并进的效果。

17. 调节身体的游戏片——开发无身体接触小锻炼。

孩子们需要运动，那么课间休息怎么办？开发课间无接触的小锻炼，既活跃气氛，同时也放松身心，比如萝卜蹲、幸福拍手歌等。

18. 个别抚慰的心理片——进行专业心理辅导。

对个别因为网课无法适应的同学、心理过度焦虑的同学，请学校专业的心理老师介入，进行专业的心理指导，助其度过复课衔接期。

19. 养心静心的连续剧——每日 5 分钟专注力训练。

网课时间较长，并且长期使用电子产品，导致有的同学专注力较低，此时我们可以每天进行 5 分钟的专注力训练，每天记录，坚持两周，从而慢慢提升学生的专注力。

20. 朝向教师的生活片——做复课工作的减法。

作为老师，我们对自己不要要求太高，要善于做减法，善于借力班干部。在忙的时候，千万不能忘记自己的生活娱乐，幸福比考核重要，成长比成功重要，要尽己所能，顺其自然。如此，才能让我们自己的复课衔接压力减小。

最后，我想化用"小猪佩奇"的金句表达教师的心声：风里雨里，我们都在学校等你，没有四季，只有两季，你学就是旺季，你不学就是淡季。这就是老师！

图书在版编目（CIP）数据

班主任小智慧：68个教育策略一点通 / 吴小霞著 . 一上海：
华东师范大学出版社，2021

ISBN 978-7-5760-1288-0

Ⅰ.①班 ...　Ⅱ.①吴 ...　Ⅲ.①班主任工作　Ⅳ.① G451.6

中国版本图书馆 CIP 数据核字（2021）第 029799 号

大夏书系·全国中小学班主任培训用书

班主任小智慧：68 个教育策略一点通

著　　者	吴小霞
责任编辑	卢风保
责任校对	杨　坤
封面设计	奇文云海·设计顾问

出版发行　华东师范大学出版社
社　　址　上海市中山北路 3663 号　邮编　200062
网　　址　www.ecnupress.com.cn
电　　话　021－60821666　行政传真　021－62572105
客服电话　021－62865537
邮购电话　021－62869887　地址　上海市中山北路 3663 号华东师范大学校内先锋路口
网　　店　http://hdsdcbs.tmall.com

印 刷 者　北京季蜂印刷有限公司
开　　本　700×1000　16 开
插　　页　1
印　　张　15.5
字　　数　230 千字
版　　次　2021 年 6 月第一版
印　　次　2021 年12月第二次
印　　数　6 101－9 100
书　　号　ISBN 978-7-5760-1288-0
定　　价　55.00 元

出 版 人　王　焰

（如发现本版图书有印订质量问题，请寄回本社市场部调换或电话 021-62865537 联系）